고득점 합격의 지름길

실과

행복한 상상, 바른교육
정훈사

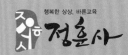

머리말

인생 자체가 치열한 경쟁의 연속인 만큼 검정고시 역시 생존경쟁의 한 장이며, 우리가 하나의 목표를 향해 나아갈 때 그 과정이 어떠한지 알고 추진하는 사람은 보다 쉽고 정확하게 원하는 바를 얻을 수 있습니다.

검정고시라는 관문을 통과하기 위해 주경야독의 외로운 길을 걷고 있는 많은 수험생들에게 무엇보다도 필요한 것은 성취 의욕과 목표 의식일 것입니다. 그리고 거기에 따르는 철저한 계획과 준비가 있어야 합니다.

그러므로 검정고시를 준비하는 수험생들은 전 과정을 가장 짧은 시간 내에 숙지할 수 있도록 구성된 교재를 선택하고, 선택한 그 순간부터 목표를 향한 힘찬 발걸음을 시작해야 합니다.

> **첫째,** 새롭게 개정된 교육과정을 반영하고, 교과 내용을 빈틈없이 분석하여 구성한 최신간입니다.
>
> **둘째,** 단원마다 중요 개념과 원리를 보다 쉽고 정확하게 이해할 수 있도록 교과 내용을 체계적이고 논리적으로 정리하였습니다.
>
> **셋째,** 학습 내용을 바로 확인할 수 있도록 문제를 구성하고 어려운 내용을 보다 쉽게 이해할 수 있도록 해설하였습니다.
>
> **넷째,** 기출문제를 분석하여 자주 출제되는 유형을 체크하고 문제마다 꼼꼼한 해설을 붙였습니다. 그리고 문제 해결력과 응용력을 길러 주는 단원 마무리 문제를 구성, 문제의 유형을 파악할 수 있도록 하였습니다.

검정고시 기출문제의 철저한 분석을 토대로 구성된 **'술술 풀리는 초등 실과'**는 바로 여러분의 목표를 가장 쉽고, 가장 빠르게 이루도록 이끌어 주는 길잡이가 될 것이니, 인내심을 가지고 꾸준히 공부한다면 반드시 좋은 결실을 거둘 수 있을 것입니다.

편저자 일동

3

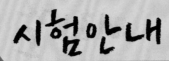

시험안내

1. 고시일정

회 차	공고일	접수일	시험일	합격자 발표
제1회	1월 말 ~ 2월 초	2월 초 ~ 중순	4월 초 ~ 중순	5월 중순 ~ 말
제2회	5월 말 ~ 6월 초	6월 초 ~ 중순	7월 말 ~ 8월 초	8월 말

2. 고시과목(6과목)

① 필수 4과목 : 국어, 사회, 수학, 과학

② 선택 2과목 : 도덕, 체육, 음악, 미술, 실과, 영어

3. 응시자격

① 검정고시가 시행되는 해의 전(前)년도를 기준으로 만 11세 이상인 사람으로서 초등학교 교육과정을 이수하지 아니한 사람

② 초등학교(특수학교 포함) 재학생 중 만 11세 이상인 사람으로서 학적이 정원 외로 관리되는 사람

③ 보호소년 등의 처우에 관한 법률 시행령 제69조 제1호에 해당하는 사람

4. 응시자격 제한

① 초등학교를 졸업한 사람

② 초등학교(특수학교 포함) 재학 중인 사람

③ 공고일 이후 초등학교(특수학교 포함)에 재학 중 학적이 정원 외로 관리되는 사람

④ 공고일 기준으로 고시에 관하여 부정행위를 한 사람으로서 처분일부터 응시자격 제한기간이 경과되지 아니한 사람

5. 제출서류(현장접수)

① 응시원서(소정서식) 1부

② 동일한 사진 2매(탈모 상반신, 3.5cm×4.5cm, 3개월 이내 촬영)

③ 본인의 해당 최종학력증명서 1부

- 졸업(졸업예정)증명서(소정서식)

- 초등학교 및 중학교 의무교육 대상자 중 정원 외 관리대상자는 정원 외 관리증명서

- 초등학교 및 중학교 의무교육 대상자 중 면제자는 면제증명서(소정서식)

- 평생교육법 제40조, 초·중등교육법 시행령 제96조제1항제2호 및 제97조제1항제3호에 따른 학력인정 대상자는 학력인정(증명)서

- 합격과목의 시험 면제를 원하는 사람은 과목합격증명서 또는 성적증명서

④ 신분증 : 주민등록증, 외국인등록증, 운전면허증, 대한민국 여권, 청소년증 중 하나

⑤ 추가 제출 서류

- 장애인 편의제공 대상자는 복지카드 또는 장애인등록증 사본(원본 지참), 장애인 편의제공 신청서, 상이등급 표시된 국가유공자증(국가유공자확인원)

- 과목면제 해당자 중 평생학습계좌제가 평가 인정한 학습과정 중 시험과목에 관련된 과정을 90시간 이상 이수한 사람은 평생학습이력증명서

6. 출제형태

① 출제유형 : 객관식 4지 선다형

② 문항수 및 배점 : 각 과목별 20문항, 1문항당 5점

③ 출제범위 : 2015 개정 교육과정

④ 합격점수 : 각 과목을 100점 만점으로 하여 평균 60점 이상
  ※ 평균이 60점 이상이라 하더라도 결시과목이 있을 경우에는 불합격 처리함

시험에 관한 자세한 사항은 해당 시·도 교육청 홈페이지에서 시험공고문을 확인하시기 바랍니다.

차 례

초졸 검정고시 **실과**

나의 성장과 가족

제1절 나와 가족

제2절 가정의 일과 가족원의 역할

세상의 어떤 것도 그대의 정직과 성실 만큼 그대를 돕는 것은 없다.

- 벤자민 프랭클린

술술 풀리는
초등 실과

나의 성장과 가족

제1절 **나와 가족**

생활의 길잡이 가족과 가정생활의 의의와 중요성에 대해 알 수 있다.

(1) 가정과 가족

① 가 정

○ 가족이 모여 함께 생활하는 곳이다.

○ 가족이 서로 아껴 주고 보살펴 주는 삶의 보금자리이다.

② 가족의 형태

○ 구성원의 세대 수에 따른 구분

• 확대 가족 : 자녀가 결혼 후에도 부모와 함께 사는 가족 형태로서, 조부모와 부모, 자녀 등 3세대 이상으로 이루어진 가족이다.

• 핵가족 : 부모와 미혼의 자녀만으로 구성된 가족이다.

○ 구성원의 특성에 따른 구분

• 입양 가족 : 혈연 관계가 아닌, 법률적으로 부모와 자식 관계를 맺은 가족이다.

• 한부모 가족 : 부부 중 한 사람의 사망 또는 이혼 등의 이유로 아버지 또는 어머니 혼자서 자녀를 키우는 가정이다.

가족이 함께 생활하는 곳으로, 서로 아껴 주고 보살펴 줌으로써 생활의 활력을 얻게 하는 곳은?

① 국가 ② 지역
③ 사회 ❹ 가정

- 조손 가족 : 조부모와 손자, 손녀만으로
  이루어진 가족이다.
- 다문화 가족 : 국제결혼을 통해 형성된
  가족이다.

- 가족 : 혈연, 결혼, 입양 등으로 이루어진
  공동체 또는 그 구성원
- 인성 : 각 사람이 가지고 있는 태도나 특성

다문화 가족

다른 문화적 배경을 가진 사람들로 구성된 가정으로 국제결혼 가족, 이주 여성 및 외국인 근로자 가족, 새터민 가족 등으로 이루어진다.

③ 가정의 중요성

　㉠ 우리는 가정에서 태어나 가족의 보살핌
　　과 사랑을 받으며 자라난다.

　㉡ 우리는 가정에서 먹고, 자고, 쉴 수 있다.

　㉢ 가족들과 즐거운 시간을 보내고, 정서적인
　　안정감을 느낀다.

　㉣ 바람직한 사회인으로 성장하기 위한 예절
　　과 규칙을 배운다.

가정이 중요한 이유
- 살아가는 생활의 터전이다.
- 가족끼리 편히 쉴 수 있다.
- 가족이 화목할 수 있다.
→ 가정에서의 모든 집안일이 잘 이루어져야
　한다.

④ 행복한 가정생활

　㉠ 가족원 모두가 가정의 소중함을 깨달아야 한다.

　㉡ 서로를 이해하고 아껴 주며 존중해야 한다.

　㉢ 가족 간의 대화를 통해 갈등을 해결하고 긍정적인 관계를 형성해야 한다.

⑤ 가족 간의 의사소통

　㉠ 가족 구성원 간의 이해 증진과 유대감 형성에 중요한 역할을 하고 원만한 가족
　　관계를 유지하는 데 도움이 된다.

　㉡ 언어나 몸짓, 표정 등을 통해 전하고자 하는 내용을 주고받는 상호 작용이다.

⑥ 가정의 기능

출산의 기능	자녀를 낳아 사회적인 구성원을 만드는 일
양육의 기능	아이가 독립할 때까지 기르고 사회화 시키는 일
교육의 기능	기본적인 인격과 인성을 형성
휴식과 오락의 기능	온 가족의 휴식의 장소가 됨
경제적 기능	생산과 소비를 하는 경제 활동의 기본 단위
애정의 기능	가족끼리 서로 사랑하고 아낌

저출산 고령화 사회

1. 저출산 : 자녀를 적게 낳거나 아예 낳지 않아 출산율이 낮아지는 현상

2. 고령화 사회 : 노인의 인구가 전체 인구에 비해 비율이 높은 사회

3. 저출산 고령화의 문제점
- 국가의 인력이 부족해져서 산업이 위축되고 경제성장이 멈춘다.
- 노인들에 대한 과다한 복지비용이 문제가 되어서 세금이 올라간다.
- 노인소외현상이 많이 발생한다.

4. 저출산 고령화의 해결방안
- 저출산 대책을 세워서 자녀를 많이 낳도록 사회적으로 장려하며, 자녀가 많은 가정에는 혜택을 주어야 한다.
- 노인들의 경제문제가 심각해지지 않도록 복지를 보장한다.
  - ➜ 임금피크제와 정년연장으로 은퇴연령을 늦춰서 오래 일하도록 하는 것이 하나의 방편이다.
- 개인, 사회, 국가가 모두 노력한다.

제2절 가정의 일과 가족원의 역할

생활의 길잡이 가정생활을 건강하게 유지하기 위한 여러 가지 일을 알고, 내가 할 수 있는 일을 찾아 실천하고 협력할 수 있다.

(1) 가정의 일

① 집안의 일

　㉠ 매일 되풀이 되는 일 : 식사 준비, 설거지, 이부자리 정리, 집 안팎의 청소, 빨래, 가족 돌보기, 가계부 적기, 문단속 등

　㉡ 주기적으로 해야 하는 일 : 수도·전기 요금·세금 납부, 적금 내기 등

　㉢ 가끔 하는 일 : 영수증이나 문서 등을 정리하는 일

가정일의 종류(의·식·주)
• 의 : 옷 정리, 세탁, 다림질 등
• 식 : 식사 준비, 부엌 관리 등
• 주 : 청소, 정리, 집수리 등

② 일의 분담

　㉠ 집안일의 특징

　　• 집안일은 종류가 많다.

　　• 잔손 가는 일이 대부분이다.

　　• 되풀이해도 끝이 없다.

　　• 가족 모두를 위한 것이다.

　㉡ 일의 분담 : 가족 모두가 자신의 능력에 맞게 택하여 일을 하면 능률적이고, 가족의 화목을 도우며 보람과 책임감도 느낄 수 있다.

초등학생이 가정에서 할 수 있는 알맞은 일은?

① 돈 벌어오기

② 집 짓기

③ TV 고치기

❹ 신발 정리하기

(2) 생활 계획과 실천

① 생활 계획의 중요성

㉠ 보람있는 생활이 된다.

㉡ 규칙적인 생활이 된다.

㉢ 시간의 낭비가 적다.

> **계획을 세울 때 주의할 점**
> • 다른 사람의 의견 듣기
> • 잘 된 생활 계획표 참고하기
> • 꼭 실천 가능한 것만 골라 계획 세우기

🪴 계획성 있는 생활을 하면 일에 대한 준비가 착실해지고, 일 전체의 앞뒤가 잘 맞아 능률적이다.

② 생활 계획 세우기

㉠ 하루의 일과 분석 : 하루를 오전, 오후로 나눈다.

→ 아침 시간을 충분히 활용하고, 등교 전·후에 할 일, 저녁 식사 후에 할 일을 생각한다. 그 밖에 가정에서의 식사 시간이나 여가 시간의 계획은 가족과 의논한다.

㉡ 생활 계획 세우기 : 위의 계획을 검토·조정한다.

→ 하루의 생활 시간을 일과에 맞추어 나눈다.

㉢ 꼭 지켜야 할 사항 : 일찍 자고 일찍 일어나며, 하루에 8~9시간 충분히 잠을 잔다.

[생활 계획표의 보기]

(3) 화목한 가정을 위한 가족원의 역할

① 가정에서의 일 나누어 하기

㉠ 가정의 일은 역할과 능력에 맞게 분담해서 해야 한다.

㉡ 가정에서의 일은 남녀의 차별을 두지 않고 공평하게 나누어야 한다.

㉢ 나는 학생이라고 하여 가정에서의 역할을 소홀히 해서는 안 된다.

㉣ 가정마다 상황이 다르므로 어떤 일은 꼭 아버지가 한다거나 어머니가 한다는 고정 관념을 가지면 안 된다.

㉤ 가족 모두가 가정의 일을 함께 할 때 행복한 가정을 만들 수 있다.

> **화목한 가족의 모습은?**
> ① 서로 이야기 하지 않는다.
> ② 식사 준비는 엄마 혼자만 한다.
> ❸ 필요한 일을 서로 나누어 한다.
> ④ 아버지는 집안일을 전혀 안 한다.

청소하기

빨래하기

음식 만들기

[가정일의 종류]

② 서로 돕는 계획 세우기

㉠ 집안일의 많은 부분을 담당하고 있는 사람이 누구인지 생각해 본다.

㉡ 내가 가정에서 실천할 수 있는 일을 생각하여 계획을 세운다.

㉢ 성실하게 실천하도록 노력하고 결과에 따라 계획표를 수정한다.

알아두면 점수 따는 이야기

가족원의 역할 분담

가족의 직업이나 나이 등이 다르기 때문에 모두가 똑같이 집안일을 할 수는 없다. 다만, 가정의 일은 가족 모두의 일이므로 서로 도와가며 하려는 태도가 중요하다.

• **일 찾기**

자신이 할 수 있는 일을 찾는다. 나이가 어린 자녀들도 동생 돌보기나 심부름하기, 책상 정리하기 등은 할 수 있다.

• **도와주기**

가족 간의 일을 구분하지 말고 도와준다. 예를 들어 음식을 만드는 등 식사 준비는 주로 어머니가 하지만, 상을 차리는 일이나 설거지는 다른 가족들도 할 수 있다.

• **함께 하기**

대청소나 이불 빨래처럼 시간이 많이 걸리고 힘이 드는 일은 가족들이 모두 모일 때 역할을 나누어서 함께 한다.

콕! 찍어주는 핵심정리

01 가족은 **혈연**, **결혼**, **입양** 등으로 맺어진 공동체 또는 그 구성원을 뜻한다.

02 가정은 가족이 모여 **함께 생활**하는 장소이다.

03 우리 사회의 특징
① 저출산 : 출생률이 저하되는 현상
② 고령화 사회 : 65세 이상의 노인 인구가 총인구의 비율에서 7% 이상인 사회

04 가정의 기능 : **출산**의 기능, **양육**의 기능, **교육**의 기능, **휴식**과 **오락**의 기능, **경제**적 기능, **애정**의 기능

05 집안의 일
① 매일 되풀이 되는 일 : 식사 준비, 설거지, 이부자리 정리, 집 안팎의 청소, 빨래, 가족 돌보기, 가계부 적기, 문단속 등
② 주기적으로 해야 하는 일 : 수도·전기 요금·세금 납부, 적금내기 등
③ 가끔 하는 일 : 영수증이나 문서 등을 정리하는 일

06 집안일의 특징
① 집안일은 종류가 많다. ② 잔손가는 일이 대부분이다.
③ 되풀이해도 끝이 없다. ④ 가족 모두를 위한 것이다.

07 생활 계획의 중요성
① 보람있는 생활이 된다. ② 규칙적인 생활이 된다.
③ 시간의 낭비가 적다.

실력 탄탄 단원 마무리 문제

01 집안일의 특징이 <u>아닌</u> 것은?

① 집안일은 종류가 많다.

② 잔손 가는 일이 대부분이다.

③ 집안일은 모두 어렵고 힘든 것이다.

④ 가족 모두를 위한 것이다.

해설 집안일은 종류가 많고 잔손 가는 일이 대부분이며, 되풀이해도 끝이 없지만 가족 모두를 위한 것이기 때문에 서로 분담하면, 일이 쉬워질 뿐 아니라 가족의 화목도 돕고 보람도 느낄 수 있다.

02 가정에서 주기적으로 해야 할 일은?

① 수도, 전기 요금 납부

② 집 안팎의 청소

③ 가계부 적기

④ 영수증이나 문서 정리

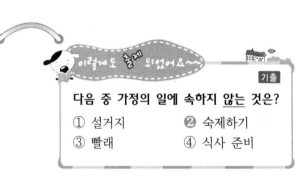

이렇게도 출제 되었어요~~

기출

다음 중 가정의 일에 속하지 않는 것은?

① 설거지 ❷ 숙제하기

③ 빨래 ④ 식사 준비

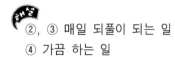

해설 ②, ③ 매일 되풀이 되는 일

④ 가끔 하는 일

정답 01 ③ 02 ①

03 계획성 있는 생활을 하면 얻어지는 좋은 점은?

① 공부 시간이 늘어난다.

② 일을 안 해도 된다.

③ 계획을 세우면 무슨 일이든지 잘 된다.

④ 보람있는 생활이 된다.

계획성 있는 생활을 하면 좋은 점

- 보람있는 생활이 된다.
- 규칙적인 생활이 된다.
- 일에 대한 준비가 착실해진다.
- 일 전체의 앞뒤가 잘 맞아 능률적이고, 시간의 낭비가 적다.

04 가정의 기능 중 '경제적 기능'에 대한 설명으로 옳은 것은?

① 가정은 온 가족의 휴식의 장소가 된다.

② 가정은 생산과 소비를 하는 경제 활동의 기본 단위가 된다.

③ 가정은 자녀를 낳아 사회적인 구성원을 만드는 일을 한다.

④ 가정은 어린이의 기본적인 인격 형성을 도와준다.

가정의 기능

출산의 기능	자녀를 낳아 사회적인 구성원을 만드는 일
양육의 기능	아이가 독립할 때까지 기르고 사회화 시키는 일
교육의 기능	기본적인 인격과 인성을 형성
휴식과 오락의 기능	온 가족의 휴식의 장소가 됨
경제적 기능	생산과 소비를 하는 경제 활동의 기본 단위
애정의 기능	가족끼리 서로 사랑하고 아낌

05 가족의 원활한 대화를 위한 실천 방법으로 알맞지 <u>않은</u> 것은?

① 한 달에 한 번씩 정기적으로 가족회의를 한다.

② 가족이 모여서 조용히 텔레비전 시청만 한다.

③ 드라마나 영화를 보고 난 후의 각자의 생각을 이야기한다.

④ 스포츠 관람, 음악회 등 공통의 관심사가 되는 취미 활동을 가진다.

06 가정의 일에 대한 나의 역할로 알맞은 것은?

① 학생이므로 공부에만 열중한다.

② 부모님이 시키는 심부름만 한다.

③ 가정의 일은 어른이 된 후부터 한다.

④ 내가 할 수 있는 일을 찾아 스스로 한다.

해설 가정에서 동생 돌보기나 심부름하기, 책상 정리하기 등 자신이 할 수 있는 일을 찾아 스스로 한다.

07 다음 중 가정 경영에 관한 일은?

① 집수리　　　　　　　② 장보기

③ 식사준비　　　　　　④ 가계부 쓰기

08 가정일의 실천 계획표 작성에 대한 설명으로 알맞은 것은?

① 짧은 시간 간격으로 계획한다.

② 실천 불가능한 것까지 계획한다.

③ 월간 계획은 새로운 달이 시작된 후에 계획한다.

④ 실천 계획표는 친구들과 잘된 점, 아쉬운 점 등을 평가한다.

나의 영양과 식사

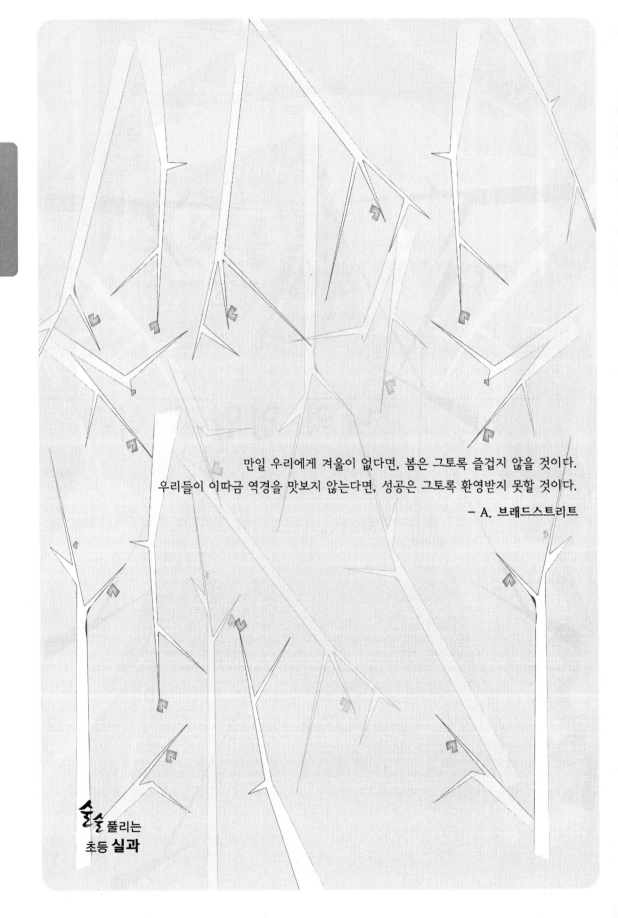

만일 우리에게 겨울이 없다면, 봄은 그토록 즐겁지 않을 것이다.
우리들이 이따금 역경을 맛보지 않는다면, 성공은 그토록 환영받지 못할 것이다.

– A. 브래드스트리트

술술 풀리는
초등 실과

chapter 02

나의 영양과 식사

제1절 영양과 식품

생활의 길잡이 영양에 관한 기초 지식과 하루에 필요한 식품의 구성, 식품의 합리적인 선택 방법을 알아 식품을 균형 있게 섭취할 수 있다.

(1) 건강한 생활의 3요소

① 운동 : 신체 기능을 건강하게 유지 또는 증진시키기 위하여 지속적이고 규칙적인 운동을 습관화하여야 한다.

② 영양 : 풍부하고 고른 영양 섭취를 통해 신체에 에너지를 공급한다.

③ 휴식 : 적당한 수면과 휴식을 통해 정신과 육체를 건강하게 한다.

> **이것만은 꼬~옥**
> **건강한 생활을 위해 필요한 것**
> • 균형 잡힌 식사
> • 적당한 운동
> • 충분한 휴식

(2) 식품 속에 들어 있는 영양소의 역할

① 영양소의 종류와 구실 **중요**

5대 영양소	3대 영양소	탄수화물	활동에 필요한 힘과 체온 유지를 한다.
		단 백 질	몸의 조직을 구성하며 활동에 필요한 힘을 낸다.
		지 방	활동에 필요한 힘과 체온 유지를 한다.
	무기질		• 몸의 조직 구성(칼슘 : 뼈와 이 구성) • 생리 기능 조절(철 : 혈액 만드는 일)

5대 영양소	비타민	몸의 생리 기능 조절
물		영양소에 포함시키지는 않지만 몸의 구성 성분 중 2/3를 차지, 몸 속의 영양소와 노폐물을 운반, 체온과 몸의 기능 조절

다음 영양소 중에서 몸의 기능을 조절하는 일만 하는 것은?

① 탄수화물   ② 지방

③ 단백질   ❹ 비타민

비타민은 아주 적은 양만 필요로 하나, 부족하면 몸에 이상이 온다.

② 영양소의 역할

식품군	식품의 종류	하는 일
단백질군	• 고기 및 생선류 • 알류 • 콩류 및 콩제품	• 몸의 조직 구성 • 활동에 필요한 힘
칼슘군	• 우유 및 유제품 • 뼈째 먹는 생선	• 뼈 형성 • 생리 작용
무기질 및 비타민군	• 녹황색 채소류 • 담색 채소류(김치 포함) • 과일	• 몸의 기능 조절 • 피로 회복, 빈혈, 괴혈병 방지, 야맹증, 각기병 예방
당질군	• 곡류(잡곡 포함) • 감자류	활동에 필요한 힘
지방군	• 유지류 • 깨소금	활동에 필요한 힘

(3) 균형 잡힌 식사

① 균형 잡힌 식사

㉠ 우리의 성장과 건강 유지에 필요한 영양소의 종류와 양을 만족시키는 음식으로 구성된 식사이다.

권장 식사 패턴
영양적으로 균형 잡힌 바람직한 식생활을 위해 하루 동안 섭취하도록 권장하는 각 식품군별 대표 식품의 분량과 섭취 횟수를 나타낸 것

ⓛ 제때에 음식을 골고루 섭취하는 규칙적이고 균형 잡힌 식사를 통해 영양소를
충분히 공급해야 건강하게 성장할 수 있다.

② 식품 구성 자전거

※ 출처 : 한국영양학회

[식품구성자전거]

앞바퀴	물	체온 조절, 신체 기능 유지
뒷바퀴	곡류	• 에너지를 내는 탄수화물의 공급원 • 밥, 고구마, 감자, 떡, 빵, 국수, 시리얼 등
	고기 · 생선 · 달걀 · 콩류	• 몸을 만드는 단백질의 공급원 • 쇠고기, 돼지고기, 닭고기, 생선, 달걀, 두부 등
	채소류	• 비타민과 무기질의 공급원 • 시금치, 콩나물, 김치, 미역, 버섯 등
	과일류	• 비타민과 무기질, 당의 공급원 • 딸기, 사과, 귤, 토마토, 오렌지, 과일 주스 등
	우유 · 유제품류	• 칼슘의 대표 식품 • 우유, 치즈, 두유, 요구르트, 아이스크림 등
	유지 · 당류	• 에너지 생산 • 식용유, 버터, 마요네즈, 탄산 음료, 설탕, 호두, 땅콩 등

(4) 건강한 식습관

① 나의 하루 식사

㉠ 식사계획 : 균형있는 식사를 위해 식품의 종류와 분량, 조리 방법 등을 미리 계획한다.

㉡ 식단짜기 : 균형있고 능률적인 식사, 대체 식품 이용, 계절 식품 선택

> [예] 쇠고기 → 돼지고기, 닭고기 → 갈치 · 도미, 조기 → 꽁치 · 고등어 · 동태

② 바른 식사 생활 습관

㉠ 식사를 거르지 않는다.

㉡ 한 끼에 너무 많이 먹지 않도록 하고, 식사의 횟수를 늘려 필요한 영양소를 간식으로 보충한다.

㉢ 제시간에 규칙적으로 식사한다.

비만 예방을 위한 식사조절과 식생활 습관
- 규칙적인 식사시간
- 적당량의 영양소를 골고루 섭취
- 과일이나 자연식품을 간식으로 이용

어린이를 위한 식생활 실천 지침

- 고기 · 생선 · 달걀 · 콩 제품을 골고루 먹는다.
- 간식은 영양소가 풍부한 식품으로 먹는다.
- 음식을 낭비하지 않는다.
- 채소 · 과일 · 우유 제품을 매일 먹는다.
- 매일 밖에서 운동하고 알맞게 먹는다.
- 아침을 꼭 먹는다.
- 식사 예절을 지킨다.

※ 자료 : 식품의약품안전청 건강한 식생활 http://nutrition.kfda.go.kr

제2절 간단한 조리

생활의 길잡이 조리 위생과 조리 기구의 사용방법을 익히고, 삶거나 찌기를 이용하여 간단한 조리를 할 수 있다.

(1) 조리의 위생과 조리 기구의 사용

① 조 리

이것만은 꼬~옥

조리의 뜻
식품을 먹을 수 있게 하는 과정

㉠ 식품을 다듬고, 씻고, 자르고, 가열하는 등 여러 가지 변화를 주어 맛있는 음식을 만드는 과정을 조리라고 한다.

㉡ 식품을 조리하는 이유

- 맛도 좋고 소화도 잘 되니까
- 영양소 소화를 잘 되게 하기 위해
- 세균이나 기생충의 해를 막기 위해

바로 확인

조리용 계기를 이용하면 좋은 점이 아닌 것은?

① 음식의 낭비가 없다.
② 음식이 남거나 모자라지 않는다.
③ 음식의 맛이 좋다.
④ 식품을 싸게 살 수 있다.

☙ 식품의 양을 재어서 조리하면, 음식이 남거나 모자라는 일이 없게 되어 식품의 낭비를 막을 수 있고, 음식의 맛도 좋다.

더 알아두기

왜 조리용 계기가 필요한가?

식품의 양을 재어서 조리하면 음식이 남거나 모자라는 일이 없게 되어 식품의 낭비를 막고 음식의 맛도 좋다.

- 무게를 달 때 : 자동접시 저울, 저울
- 부피를 잴 때 : 계량 컵, 계량 스푼

② 조리용 계기와 기구 다루기

　㉠ 조리용 계기의 종류와 사용법

　　• 무게 달기

저울을 편평한 곳에 놓는다.

저울의 바늘이 눈금의 0을 가리키고 있는지 확인한다.

식품을 접시 중앙에 올려 놓는다.

저울 정면에서 눈금을 읽는다.

　　• 부피 재기

　　　－ 설탕, 밀가루 같은 가루 식품 : 계량 컵·계량 스푼 이용, 편평하게 깎아서 잰다.

　　　－ 기름, 물과 같은 액체 식품 : 눈금과 액체의 선이 일치되도록 잰다.

　　　－ 잘게 썬 채소 : 알맞게 눌러 담아서 잰다.

계량 단위

• 계량 컵(1C) : 200mL(밀리리터)
• 계량 스푼 : 1테이블 스푼(1Ts) = 15mL(밀리리터)
　　　　　　　1티스푼(1ts) = 5mL(밀리리터)

　㉡ 여러 가지 조리 기구

　　• 조리 기구의 선택과 보관

　　　－ 조리 기구를 구입할 때는 크기가 쓰임새에 맞고 실용적이며 다루기 쉬운 것을 고른다.

　　　－ 쓰지 않을 때에는 깨끗이 손질하여 다음에 쓰기 편하도록 정리해 둔다.

• 여러 가지 조리 기구의 특징

종 류	특징 및 유의점
냄 비	• 음식을 끓이거나 조릴 때 쓰인다. • 밑면이 넓고 편평한 것이 열을 골고루 받아 연료의 손실이 적다. • 뚜껑이 꼭 맞고 손잡이가 튼튼해야 한다.
압력 냄비	• 냄비 속의 수증기가 증발되는 것을 막아서 음식이 빨리 익는다. • 잘못 다루면 위험하므로 사용 방법을 알고 다루어야 한다.
도 마	• 식품을 썰거나 양념을 다지는 데 쓰인다. • 나무 도마는 나무의 질이 단단하고 면이 곱고 두꺼운 것이 좋다.
칼	• 쓰임새에 따라 육류용, 채소용, 과일용 등이 있다. • 칼날이 고르고 손잡이가 튼튼한 것이 좋다.
프라이팬	• 튀김이나 부침을 할 때에 쓰인다. • 튀김용은 깊이가 깊고, 부침용은 밑면이 편평하고 넓다. • 테플론을 입힌 것은 음식이 붙는 것을 막아 준다.
그릇류	• 유리 그릇은 투명하여 깨끗하게 보이지만 깨어지기 쉽다. • 스테인리스 스틸 그릇은 녹이 슬지 않는다. • 플라스틱 그릇은 가볍고 잘 깨어지지 않으나 열에 약하다. • 도자기 그릇은 열에 강하고 음식이 쉽게 식지 않는다.

③ 연소 기구 다루기

㉠ 여러 가지 조리용 연료

• 좋은 연료의 조건 : 위생적이고 안전하며 값이 싼 것, 화력이 세고 사용하기에 편리한 것

• 조리용 연료의 장·단점

종 류	장 점	단 점
석 유	• 불을 붙이기 쉽고 화력이 좋다. • 화력 조절이 쉽다. • 장소를 옮겨 사용할 수 있다.	• 화재의 위험성이 크다. • 그을음이 나며 가스 냄새가 심하다.

가 스	• 편리하며 위생적이다. • 화력이 세고 조절이 간단하다.	• 화재, 폭발의 위험이 있다. • 용기에 남아 있는 가스의 양을 쉽게 알 수 없다.
전 기	• 위생적이다. • 편리하다.	• 누전·감전의 위험이 있다. • 값이 비싸다.

ⓛ 가열 기구 다루기

구 분	가스레인지	전자레인지
특 징	• 사용이 편리하고 화력이 강하다. • 조리시간이 단축된다. • 프로판 가스(LPG)와 도시가스(LNG) 등을 연료로 사용한다.	• 가열시간이 짧다. • 색·맛·형태의 변화가 적다. • 전기를 이용한 초고주파에 의해 마찰열로 가열한다.
주 의 사 항	• 스위치를 켜기 전에 가스가 새는지 꼭 점검한다. • 불이 켜진 가열기구에 의한 화재나 화상에 주의한다. • 조리가 끝난 뒤 중간 밸브와 스위치가 잠겼는지 확인한다.	• 금속그릇 등은 사용할 수 없다. • 사용 중에는 많은 양의 유해 전자파가 나오므로 근처에 가지 않는다. • 작동 중에 문을 열면 작동을 멈춘다. • 데워진 음식을 꺼낼 때 화상 등에 주의한다.

 더 알아두기

휴대용 가스버너·가스레인지 다루는 순서와 방법

휴대용 가스버너	가스레인지
① 안전장치를 올린다. ② 부탄가스를 넣는다. ③ 안전장치를 내린다. ④ 콕을 돌려 점화시킨다. ⑤ 파란 불꽃을 확인한다. ⑥ 가열하려는 그릇을 올린다. ⑦ 불의 세기를 조절한다. ⑧ 콕을 돌려 소화시킨다. ⑨ 안전장치를 올린다. ⑩ 부탄가스를 뺀다.	① 중간 밸브를 연다. ② 콕을 돌려 불을 켠다. ③ 파란 불꽃을 확인한다. ④ 불 세기를 조절한다. ⑤ 사용 후 콕을 돌려 불을 끈다. ⑥ 중간 밸브를 잠근다.

(2) 간단한 조리하기

① 기초 조리 방법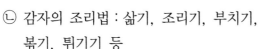

　㉠ 끓이기 : 재료를 끓는 물속에서 익히는 방법

　㉡ 데치기 : 재료를 끓는 물에 담가 살짝 익힌 후 건져 냄

　㉢ 삶기 : 재료를 끓는 물에 담가 익힌 후 건져 냄

　㉣ 굽기 : 재료를 직접 불에 익힘

　㉤ 찌기 : 재료를 수증기로 익힘

　㉥ 튀기기 : 재료를 끓는 기름에 담가 익힌다.

② 감자의 조리

　㉠ 감자의 영양 성분 : 탄수화물이 주성분이며, 단백질, 무기질, 비타민, 지방 등의 영양소가 들어 있다.

　㉡ 감자의 조리법 : 삶기, 조리기, 부치기, 볶기, 튀기기 등

> 🥔 쪄서 으깬 감자 : 노인이나 어린이의 간식으로 많이 이용

> **바로 확인**
>
> **조리용 가열 기구가 <u>아닌</u> 것은?**
> ① 가스레인지　❷ 도마
> ③ 전자레인지　④ 가스버너

　㉢ 감자 삶기

껍질을 벗기고 찬물에 잠깐 담가둔다.
냄비에 감자가 잠길 정도의 물을 붓고 소금을 넣은 다음 감자를 넣는다.
불을 켜고 감자를 익힌다.
감자가 익으면 물을 따라 버리고 2~3분간 뜸을 들인다.
삶아진 감자를 꺼내어 접시나 소쿠리에 담는다.

③ 달걀의 조리

ㄱ 달걀의 영양 성분 : 단백질, 지방, 무기질, 비타민 등 영양소가 풍부한 우수 식품
→ 특히 성장기 학생들에게 좋다.

ㄴ 달걀의 조리법 : 삶기, 찌기, 부치기 등
달걀은 빵, 과자, 마요네즈 소스의 재료로도 쓰인다.

ㄷ 달걀 삶기 중요

신선한 달걀을 고르는 방법
- 껍데기가 까슬까슬하고 윤이 나지 않는 것
- 흰자가 젤처럼 강하게 응집력이 있는 것
- 달걀을 깨뜨렸을 때 노른자가 또렷한 것

달걀을 씻어 냄비에 넣는다.

| 달걀이 잠길 정도의 물을 붓고 불에 올린다. |

| 끓기 시작할 때까지 조리용 젓가락으로 가끔씩 굴려준다. |

| • 반숙 : 물이 끓기 시작한 후 3~4분 정도 삶는다.
• 완숙 : 12분 정도 삶는다. |

| 다 삶아졌으면 꺼내어 찬물에 담갔다가 건져 낸다. |

| 알맞은 모양으로 썬 다음 소금과 함께 낸다. |

달걀은 삶는 정도에 따라 맛과 소화율이 다르므로 용도에 따라 알맞게 삶아야 한다. 너무 오래 삶으면 노른자 주위에 색깔이 변하므로 주의해야 한다.

ㄹ 달걀을 이용한 음식 : 계란말이, 스크램블드 에그, 계란 오믈렛, 계란찜, 삶은 달걀, 계란 프라이 등

삶은 달걀을 찬물에 식히는 이유는?
❶ 껍질을 잘 벗기려고
② 영양소를 파괴하려고
③ 병아리를 만들려고
④ 닭 백숙을 만들려고

 콕! 찍어주는 **핵심정리**

01 식품 속에 들어 있는 **영양소**를 섭취하면 그 **영양소**가 우리 몸에 흡수되어 건강을 유지하고 힘을 내어 활동할 수 있다.

02 힘을 내는 일을 하는 영양소에는 **탄수화물**, **단백질**, **지방**이 있다.

03 **식품 구성 자전거**는 우리가 골고루 먹어야 할 식품을 비슷한 영양소를 가진 6가지 식품군으로 묶어서 나타낸 것이다.

04 조리용 계기의 필요성
① 음식이 남거나 모자라는 일이 없다.
② 식품의 낭비를 막는다.
③ 음식의 맛이 좋다.

05 식품의 부피 재기
① 설탕, 밀가루 같은 가루 식품 : 계량 컵, 계량 스푼을 이용하여 편평하게 깎아서 잰다.
② 기름, 물과 같은 액체 식품 : 눈금과 액체의 선이 일치되도록 잰다.
③ 잘게 썬 채소 : 알맞게 눌러 담아서 잰다.

06 신선한 식품 고르기
① 달걀 : 껍질이 까칠까칠하고, 깨뜨렸을 때에 노른자가 또렷한 것
② 감자 : 상처가 없고 조직이 단단하며 싹이 트지 않는 것
③ 생선 : 눈이 맑고 아가미가 선명한 붉은색인 것
④ 통조림 : 식품의 성분 표시와 유통기간 확인하고, 통이 찌그러지거나 녹슬지 않은 것

07 달걀의 조리
달걀은 단백질, 지방, 무기질, 비타민 등 영양소가 풍부한 우수 식품이므로, 성장기 학생들에게 좋다. 또 달걀은 삶는 정도에 따라 맛과 소화율이 다르므로 용도에 따라 알맞게 삶는다.

실력 탄탄 단원 아무리 문제

01 신선한 식품을 고르지 <u>못한</u> 것은?

① 생선 – 눈이 맑고 아가미가 붉은 것

② 쇠고기 – 색깔이 선명한 붉은색인 것

③ 감자 – 조직이 단단하고 싹이 트지 않은 것

④ 달걀 – 껍질이 매끄러운 것

 신선한 달걀

- 껍질이 까칠까칠하고 깨뜨렸을 때 노른자가 또렷하다.
- 흰자는 맑고 끈기가 많다.

기출

다음 중 신선한 달걀을 고르는 방법으로 알맞은 것은?

① 달걀을 깨뜨렸을 때 노른자와 흰자가 구분이 안 되는 것이 좋다.

❷ 달걀을 깨뜨렸을 때 노른자가 또렷한 것이 좋다.

③ 껍데기는 윤이 나야 좋다.

④ 껍데기는 반들반들한 것이 좋다.

02 연소 기구를 안전하게 사용하지 <u>못한</u> 것은?

① 조리 기구의 겉에 물기가 없도록 한다.

② 가스 기구는 불꽃이 붉게 되도록 공기를 조절한다.

③ 불 위에서 음식이 끓어 넘치는 일이 없도록 한다.

④ 창문을 자주 열어 환기시킨다.

연소 기구의 가스 구멍이 막히지 않도록 하고, 기구의 공기 구멍을 조절하여 불꽃이 파랗고 가스가 완전히 연소되게 한다.

정답 01 ④ 02 ②

03 햄이나 달걀, 채소류 등 여러 재료를 빵과 빵 사이에 끼워 넣어 만든 음식은?

① 도너츠

② 식빵 피자

③ 샌드위치

④ 프렌치 토스트

이렇게도 출제 되었어요~~

기출

다음 중 빵으로 만들 수 <u>없는</u> 음식은?

❶ 카레 ② 햄버거

③ 샌드위치 ④ 프렌치토스트

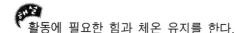
샌드위치 : 얇게 썬 2쪽의 빵 사이에 육류나 달걀, 채소류를 끼워서 먹는 간편한 대용식 빵

04 다음 설명에 해당하는 영양소는?

> 에너지를 공급하여 탄수화물, 단백질보다 두배 이상 많은 에너지를 만들어 낸다.

① 탄수화물 ② 비타민

③ 지방 ④ 단백질

활동에 필요한 힘과 체온 유지를 한다.

05 다음 기초 조리 방법 중 '데치기'에 대한 설명으로 맞는 것은?

① 재료를 끓는 물에 담가 살짝 익힌 후 건져낸다.

② 재료를 끓는 물에 담가 익힌다.

③ 재료를 끓는 물속에서 익힌다.

④ 재료를 직접 불에 익힌다.

06 다음 중 식품을 조리해서 먹을 때의 좋은 점이 <u>아닌</u> 것은?

① 보기에 좋다.　　　　　　② 소화 흡수가 잘 된다.

③ 저장 기간이 짧아진다.　　④ 위생적이다.

 식품을 조리하는 이유
- 맛도 좋고 소화도 잘 되니까
- 영양소 소화를 잘 되게 하기 위해
- 세균이나 기생충의 해를 막기 위해

07 다음 중 식품을 가열할 때 사용하는 조리 용구로 맞지 <u>않는</u> 것은?

① 도마　　　　　　　　　② 냄비

③ 프라이팬　　　　　　　④ 가스레인지

08 다음 중 신선한 고구마를 고르는 방법으로 알맞지 <u>않은</u> 것은?

① 표면이 매끄러운 것이 좋다.

② 너무 크거나 작은 것보다 중간 크기의 고구마가 좋다.

③ 표면에 잔뿌리가 많은 것이 좋다.

④ 껍질이 쉽게 벗겨지지 않는 것이 좋다.

신선한 고구마
- 표면이 매끄러우며 선홍색인 것
- 고구마 표면에 잔뿌리가 많지 않고 껍질이 쉽게 벗겨지지 않는 것
- 너무 크거나 작은 것보다 중간 크기의 고구마가 좋다.

09 음식을 균형 있게 섭취하지 않으면 나타나는 문제점으로 알맞지 <u>않은</u> 것은?

① 편식과 소식은 비만의 원인이 된다.

② 활동량에 비해 음식물 섭취량이 적으면 저체중이 된다.

③ 저체중은 쉽게 피곤을 느끼며 감기나 빈혈에 걸리게 된다.

④ 비만은 고혈압, 고지혈증 등과 같은 생활 습관병에 걸리기 쉽다.

10 다음 중 '단백질'에 대한 설명으로 알맞은 것은?

① 뼈와 치아를 구성한다.

② 효소나 호르몬의 구성 성분이 된다.

③ 감기 등의 질병을 예방하고 피부를 건강하게 한다.

④ 산소를 우리 몸 곳곳에 운반해 준다.

단백질 : 에너지를 공급하며, 우리 몸의 조직을 구성한다(쇠고기, 콩, 생선, 두부 등).

11 다음 중 뜨거운 수증기를 이용해 식품을 익히는 방법으로 알맞은 것은?

① 찌기   ② 삶기

③ 데치기   ④ 끓이기

기초 조리 방법
- 끓이기 : 재료를 끓는 물속에서 익히는 방법
- 데치기 : 재료를 끓는 물에 담가 살짝 익힌 후 건져 냄
- 삶기 : 재료를 끓는 물에 담가 익힌 후 건져 냄
- 굽기 : 재료를 직접 불에 익힘
- 찌기 : 재료를 수증기로 익힘
- 튀기기 : 재료를 끓는 기름에 담가 익힌다.

12 가스레인지를 다루는 순서 중 가장 나중에 하는 것은?

① 중간 밸브 잠그기

② 콕을 돌려 불을 켜기

③ 중간 밸브 열기

④ 콕을 돌려 불을 끄기

 가스레인지 다루는 순서와 방법

중간 밸브 열기 → 콕 돌려 불 켜기 → 파란 불꽃 확인 → 불 세기 조절 → 콕 돌려 불 끄기 → 중간 밸브 잠그기

13 다음 중 영양소에 대한 설명으로 <u>잘못된</u> 것은?

① 몸을 움직일 수 있도록 에너지를 낸다.

② 몸의 기능을 조절하는 일을 한다.

③ 모든 음식에는 모든 영양소가 골고루 들어 있다.

④ 뼈나 근육을 만들어 몸을 구성한다.

 식품 속에 들어 있는 영양소는 각각 다르므로 음식을 골고루 섭취해야 한다.

14 영양소와 식품이 바르게 연결된 것은?

① 지방 – 배추   ② 무기질 – 빵

③ 탄수화물 – 참기름   ④ 단백질 – 쇠고기

 ① 무기질 및 비타민 – 배추
② 탄수화물 – 빵
③ 지방 – 참기름

 정답 **12** ① **13** ③ **14** ④

옷 입기와 관리하기

시도했던 모든 것이 물거품이 되었더라도
그것은 또 하나의 전진이기 때문에 나는 용기를 잃지 않는다.

— 토마스 에디슨

옷 입기와 관리하기

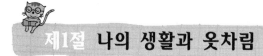

제1절 나의 생활과 옷차림

생활의 길잡이   옷의 기능과 역할을 이해하고 성장 발달, 때와 장소, 상황에 알맞은 옷차림을 실천할 수 있다.

(1) 옷의 기능 🌸

① 신체 보호의 기능

    ㉠ 체온 유지 : 옷을 입음으로써 체온의 손실을 막아 건강하도록 도와준다.

    ㉡ 신체 안전 : 특수한 상황이나 일상 생활에서 신체를 보호해준다.

    ㉢ 피부 보호 : 땀이나 피지 등의 분비물과 먼지로부터 피부를 보호하여, 위생적이고 쾌적한 생활을 할 수 있도록 도와준다.

② 표현의 기능

    ㉠ 역할과 직업 : 의복을 입은 사람의 신분이나 직업을 나타낸다. 교복이나 군복 등의 제복은 의복의 신분 표시의 기능을 뚜렷이 하기 위한 것이다.

    ㉡ 개성 표현 : 의복을 입은 사람의 개성을 나타낸다.

    ㉢ 예의 표시 : 때와 장소에 맞게 입은 의복은 공경과 예절을 갖추려는 마음을 표현해 준다.

(2) 몸차림과 속옷입기

① 깨끗한 몸차림

㉠ 세수를 깨끗이 하고, 특히 이와 손, 발을 깨끗하게 닦는다.

㉡ 머리를 자주 감고 단정하게 빗으며 목욕을 자주 한다.

㉢ 외출하고 돌아오면 집에서 입는 옷으로 갈아 입고, 외출복은 먼지를 떨어 옷걸이에 걸어 둔다.

㉣ 터진 곳이나 찢어진 곳은 즉시 꿰매서 더 상하지 않게 손질한다.

㉤ 손수건, 양말, 신발은 자주 빨아 신는다.

옷의 구실

• 더위나 추위로부터 우리의 몸을 보호해준다.

• 몸에서 나오는 땀이나 그 밖의 분비물을 흡수한다.

→ 건강을 위해서는 항상 계절에 맞는 깨끗한 옷을 입어야 한다.

② 위생적으로 속옷 입기

㉠ 속옷 : 몸에 꼭 맞으면서도 활동하기에 편해야 하므로 신축성이 큰 것이 적당하며, 자주 세탁해야 한다.

속옷의 구실
• 땀과 분비물을 흡수한다.
• 추위로부터 몸을 보호해 준다.
• 겉옷의 모양을 보기 좋게 해준다.

속옷으로 적당한 옷감

• 땀과 분비물을 잘 흡수하는 면섬유

• 여름 : 얇고 공기가 잘 통하며 까슬까슬한 것

• 겨울 : 부드럽고 공기를 많이 품을 수 있는 것

ⓛ 잠옷

- 잠옷을 입는 이유 : 낮 동안의 피로를 충분히 풀 수 있도록 편안한 잠옷을 입는다.
- 옷감 : 면섬유가 좋으며 부드럽고 가벼운 것이 좋다.
- 모양 : 단순하고 품이 넉넉하며 장식이 적은 것이 좋다.

의복의 기능
- 신체 보호 및 능률 향상 기능
  - 피부 보호 : 속옷, 양말
  - 신체 안전 : 헬멧, 방화복, 구명조끼, 야광조끼
  - 체온 조절 : 내의, 점퍼
  - 능률 향상 : 수영복, 운동복, 앞치마
- 표현의 기능(사회 · 문화적 기능)
  - 개성의 표현
  - 신분 · 직업 : 경찰복, 교복, 소방복
  - 예의 · 예절 : 한복, 조문복

(3) 옷을 바르게 입기

① 어울리는 옷차림하기

㉠ 학교 생활에 맞는 활동적이고 어린이다운 것이어야 한다.

㉡ 늘 옷 매무새에 관심을 갖는다.

㉢ 속옷을 철에 맞게 제대로 갖추어 입는다.

㉣ 겉옷은 허리나 품이 꼭 끼거나 너무 넓지 않고, 길이가 너무 길지 않아야 한다.

② 맵시 있게 옷을 입는 방법

㉠ 옷깃이 접히지 않게 하고, 단추, 지퍼 등은 언제나 잘 채운다.

㉡ 속옷이 겉옷의 목 둘레나 소매 끝, 아랫단 밑으로 보이지 않도록 한다.

㉢ 바지의 선, 스커트의 주름 등은 다리미질 해서 입는다.

㉣ 모자는 때와 장소에 따라 바르게 쓴다.

㉤ 웃옷과 아래옷의 색깔을 조화있게 입는다.

㉥ 항상 바른 자세와 명랑한 표정을 가진다.

(4) 옷의 손질과 정리

① 옷의 손질

㉠ 먼지를 떨 때에는 주머니 속에 들어 있는 물건을 꺼내고, 바람이 잘 통하는 곳에서 한다.

ⓛ 스웨터의 먼지 떨기는 잘 개어서 손바닥 위에 놓고 다른 한 손으로 두들긴다.

ⓒ 솔질을 할 때는 옷을 옷걸이에 걸고 위에서부터 아래쪽으로 쓸어 내린다.

　🧺 특히 주의해서 솔질해야 할 곳 : 깃, 어깨, 소매, 바지 끝, 주머니 속

ⓓ 먼지를 다 떤 뒤 바람이 잘 통하는 곳에 널어서, 옷에 스며있는 땀이나 습기를 말린 후 보관한다.

 더 알아두기

1. 옷 손질의 필요성
- 다음에 입을 때 편리하다.
- 옷의 수명이 길어진다.
- 빨래의 횟수를 줄인다.

2. 옷 정리의 필요성
- 모양이 변하지 않는다.
- 필요할 때 꺼내 입기 편리하다.

② 옷의 정리

ㄱ 서랍에 넣어 둘 옷

- 웃옷, 아래옷, 속옷 등으로 구분해 반듯하게 개어 일정한 장소에 보관한다.
- 깃, 소매 모양, 스커트 주름, 바지 주름 등이 구겨지지 않도록 개어 둔다.
- 티셔츠, 스웨터 : 작게 개어 겉에서 모두 보일 수 있도록 정리해 두면 입을 때에 편리하다.

ㄴ 옷걸이에 걸어서 장 속에 걸어 둘 옷

- 구겨지기 쉬운 옷이나 다림질이 곤란한 옷
- 단추를 채우고 깃과 소매를 반듯하게 해서 둔다.

　🧺 옷장이나 서랍에 나프탈렌을 넣어 옷좀이나 해충의 피해를 입지 않게 하고, 먼지가 들어가지 않게 서랍이나 옷장 문을 닫아 둔다.

(5) 검소한 의생활

① 헌 옷의 활용

헌 옷을 재활용하여 용품을 만들 경우의 장점
- 비용 절감
- 다양한 색상이나 재료를 이용 가능
- 쓰레기의 양을 줄일 수 있음(환경보호)

㉠ 작아서 못 입게 된 옷 : 길이나 품을 늘려서 입는다.

㉡ 싫증난 옷 : 간단한 손질을 하여 모양을 바꾸어 입는다.

🎁 작업할 때나 운동할 때 이런 헌 옷을 입으면 부담없이 활동할 수 있어서 좋다.

 더 알아두기

- 옷을 활용해 볼 생각도 않고 옷장 속에 넣어 둔 채 새로 옷을 장만하는 것은 좋지 못하다.
- 오늘날에는 섬유 제조 기술이 발달하여 옷이 잘 해지지 않기 때문에 동생이나 이웃에게 물려주고, 싫증 난 옷은 고쳐 입거나 바꾸어 입도록 한다.

② 옷의 장만

㉠ 꼭 필요한 것인지, 또 현재 가지고 있는 옷과 어울리는지 깊이 생각해 본 후 결정한다.

㉡ 될 수 있으면 값이 싸고 쓰임새가 많은 것을 고르도록 한다.

㉢ 예쁘다고 눈에 띄는 대로 사는 일이 없도록 한다.

제2절 **옷의 수선**

생활의 길잡이 기초 바느질의 종류와 방법 등 옷의 수선에 대해 공부한다.

(1) 기초 바느질의 종류와 방법

홈 질		바늘땀의 앞뒤가 같으며 솔기를 붙이거나 주름을 잡을 때 이용함
박음질		바늘땀을 뒤로 되돌려서 뜨는 가장 튼튼한 바느질임
시침질		본바느질 전에 옷감을 고정시키거나 바느질선을 표시할 때 사용하며, 홈질과 같은 방법이지만 땀의 간격이 홈질의 두 배 정도임

(2) 단추 달기

① 만들어 놓은 받침에 단추 달 자리를 정하고, 0.2cm 정도 되게 한 땀 뜬 다음, 단춧구멍 하나에 바늘을 꿰어 단추 위로 뺀다.

② 바늘을 나머지 단춧구멍에 꽂아 헝겊 밑으로 뽑는다.

　🐱 이 때 단추와 헝겊 사이의 실을 조금 늦춘다.

③ 헝겊 밑으로부터 바늘을 단춧구멍을 통해 뽑는 것을 3번 정도 되풀이한 뒤 바늘을 단추와 헝겊 사이로 뺀다.

④ 단추와 헝겊 사이에 늦추어 놓은 실을 3~4번 정도 휘감아 기능을 만든다.

⑤ 바늘을 헝겊 밑으로 뽑아 밑에서 한 땀 작게 뜨고 매듭을 지은 다음 나머지 실은 쪽가위로 자른다.

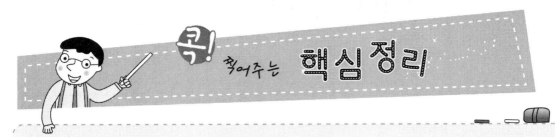

01 옷의 구실

① 더위나 추위로부터 우리의 몸을 보호해 준다.

② 몸에서 나오는 땀이나 그 밖의 분비물을 흡수한다.

02 속옷으로 적당한 옷감

① 땀과 분비물을 잘 흡수하는 면섬유

② 여름 : 얇고 공기가 잘 통하며 까슬까슬한 것

③ 겨울 : 부드럽고 공기를 많이 품을 수 있는 것

03 옷 손질의 필요성

① 다음에 입을 때 편리하다.

② 옷의 수명이 길어진다.

③ 빨래의 횟수를 줄인다.

04 옷의 손질

① 먼지 떨기 : 주머니 속에 있는 물건을 꺼내고 바람이 잘 통하는 곳에서 한다.

🌼 스웨터의 먼지 떨기 : 잘 개어서 손바닥 위에 놓고 다른 한 손으로 두들긴다.

② 솔질하기 : 옷을 옷걸이에 걸고 위에서부터 아래쪽으로 쓸어 내린다.

🌼 특히 주의해서 솔질해야 할 곳 : 깃, 어깨, 소매, 바지 끝, 주머니 속

실력 탄탄 단원 마무리 문제

01 다음 중 속옷의 구실이 <u>아닌</u> 것은?

① 땀과 분비물을 흡수한다.

② 추위로부터 몸을 보호해 준다.

③ 겉옷의 모양을 보기 좋게 해준다.

④ 살이 찌는 것을 막아준다.

02 시간과 힘을 덜 들여 바느질을 할 수 있는 것은?

① 자판기

② 재봉틀

③ 대패

④ 모종삽

> 재봉틀은 피륙·종이·가죽 같은 것을 바느질하는 기계로 손바느질보다 시간과 힘을 덜 들여 바느질 할 수 있다.

이렇게도 출제 되었어요~~ | 기출

학교에서 재봉틀을 안전하게 사용하는 방법은?

① 재봉틀로 장난을 한다.

② 부품을 함부로 조작한다.

❸ 선생님의 지시에 따라 재봉틀을 작동한다.

④ 전기 재봉틀의 전원을 젖은 손으로 연결한다.

정답 **01** ④ **02** ②

03 다음은 어떤 옷에 대한 설명인가?

- 낮 동안의 피로를 충분히 풀 수 있는 옷
- 활동이 자유스럽고 편안한 옷
- 면섬유가 좋으며 부드럽고 가벼운 옷

① 잠옷 　　　　　　　　② 운동복
③ 외출복 　　　　　　　　④ 평상복

잠옷을 입는 이유는 낮 동안의 피로를 풀기 위한 것이며, 잘 때에만 입고 아침에 일어나면 곧 갈아 입도록 한다.

04 옷을 손질할 때 바르게 한 것은?

① 깃, 어깨, 주머니 속을 주의해서 솔질한다.
② 솔질은 아래에서부터 위로 해야 먼지가 안 난다.
③ 스웨터의 먼지는 방망이로 떤다.
④ 먼지를 떤 뒤 바람이 없는 곳에서 땀이나 습기를 말린다.

② 솔질을 할 때는 옷걸이에 걸고 위에서부터 아래쪽으로 쓸어 내린다.
③ 스웨터의 먼지 떨기는 잘 개어서 손바닥 위에 놓고 다른 한 손으로 두들긴다.
④ 먼지를 다 떤 뒤에는 바람이 잘 통하는 곳에 널어서 옷에 스며있는 땀이나 습기를 말린 후 보관한다.

05 다음 중 속옷으로 적당한 옷감은?

① 마 　　　　　　　　② 견
③ 합성 섬유 　　　　　④ 면

속옷의 옷감은 땀과 분비물을 잘 흡수하는 면섬유가 적당하다.

06 일의 능률 향상을 위해 입는 옷으로 알맞지 **않은** 것은?

① 잠수복   ② 소방복

③ 운동복   ④ 교복

의복 표현의 기능(사회·문화적 기능)
- 신분·직업 : 경찰복, 교복, 소방복
- 예의·예절 : 한복, 조문복

07 다음 중 옷을 정리하는 방법으로 **잘못된** 것은?

① 수선이 필요한 부분은 손질한 후 종류별로 나누어서 보관한다.

② 입고 난 옷은 세탁할 옷과 그렇지 않은 옷으로 분류한다.

③ 구김이 잘 생기는 옷은 옷걸이에 걸어서 보관한다.

④ 세탁할 때는 옷의 종류와 관계없이 한꺼번에 한다.

08 다음은 옷의 기능 중 어느 것에 속하는가?

> 군복, 경찰복, 제복

① 신체 보호   ② 개성의 표현

③ 예의의 표현   ④ 소속의 표현

교복이나 군복 등의 제복은 의복의 신분 표시의 기능을 뚜렷이 하기 위한 것이다.

09 다음 중 청결 유지 기능을 하는 옷은?

① 속옷 ② 군복

③ 우주복 ④ 소방복

 청결 : 노폐물을 흡수하여 피부를 청결하게 유지시켜 준다(속옷 등).

10 옷의 사회적 기능으로 알맞은 것은?

① 신체를 보호해 준다.

② 체온을 유지해 준다.

③ 위험으로부터 보호해 준다.

④ 예의와 품위를 표현할 수 있다.

11 옷차림을 할 때 고려해야 할 점으로 알맞지 <u>않은</u> 것은?

① 날씨 ② 계절

③ 가격 ④ 장소

 옷차림은 때와 장소, 상황에 알맞게 입는다.

12 빈 우유갑이나 작은 상자에 넣으면 효과적인 옷은?

① 양말 ② 스커트

③ 바지 ④ 운동복

13 초등학생의 성장에 어울리는 옷차림으로 알맞지 <u>않은</u> 것은?

① 몸에 꽉 끼는 옷은 피한다.

② 속옷은 일주에 한 번 갈아입는다.

③ 활동하기에 편한 옷을 입는다.

④ 땀을 잘 흡수하고 세탁이 쉬운 옷을 입는다.

해설 속옷은 땀과 분비물의 흡수를 위해 매일 갈아입는다.

14 옷을 관리하는 방법으로 <u>잘못된</u> 것은?

① 계절이 지난 옷은 찾기 쉽도록 장의 가장 앞쪽에 보관한다.

② 옷은 공기가 잘 통하고 습기가 없는 곳에 보관한다.

③ 입고 난 옷은 세탁하여 보관한다.

④ 수선이 필요한 옷은 손질하여 보관한다.

해설 계절이 지난 옷은 상자에 넣어 옷장 위쪽이나 보관함에 보관한다.

chapter

04

쾌적한 주거 환경

제1절 정리 정돈과 청소

제2절 쓰레기 처리와 재활용

04장

순간의 결정이 새로운 운명을 창조한다.
우리가 진정 결단을 내린 순간, 그때부터 하늘도 움직이기 시작한다.
– 앤서니 라빈스

04장

술술 풀리는
초등 실과

쾌적한 주거 환경

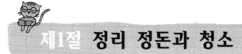

제1절 정리 정돈과 청소

생활의 길잡이 정리 정돈과 청소의 필요성을 알고, 학교와 가정에서 더러워진 곳을 찾아 깨끗하게 청소할 수 있다.

(1) 정리 정돈과 청소의 필요성

① 필요로 하는 물건을 찾는 시간이 줄어든다.
② 주위가 깨끗하면 보기에도 좋다.
③ 먼지나 곰팡이 등이 제거되어 위생적이다.
④ 깨끗하고 정돈된 느낌을 주어 공부나 일에 집중할 수 있으며, 능률이 오른다.

바로 확인

청소의 필요성과 거리가 먼 것은?
❶ 병든 가족의 치료는 약보다 청소가 더 좋다.
② 세균·해충의 번식으로 건강이 나빠진다.
③ 기분이 불쾌하여 비능률적이다.
④ 바람에 의한 먼지 등을 막는다.

 **더 알아두기**

정리 정돈의 필요성

• 상쾌하고 안정된 마음을 가질 수 있다.
• 공부나 일에 정신을 집중시킬 수 있다.
• 물건을 찾아 쓰기 쉽다.
  → 모든 물건을 쓰기 편하도록 알맞은 자리에 미리 잘 정리해 놓아야 한다.

(2) 정리 정돈과 청소하는 순서

① 가정에서

㉠ 청소하는 순서 중요

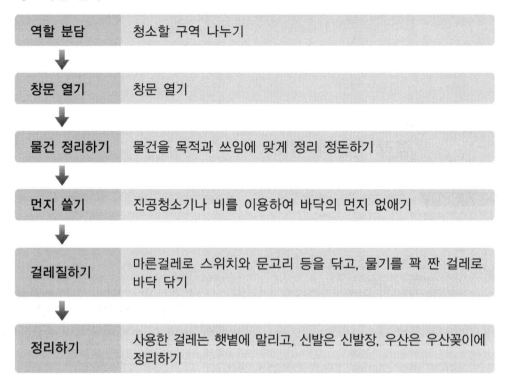

역할 분담	청소할 구역 나누기
창문 열기	창문 열기
물건 정리하기	물건을 목적과 쓰임에 맞게 정리 정돈하기
먼지 쓸기	진공청소기나 비를 이용하여 바닥의 먼지 없애기
걸레질하기	마른걸레로 스위치와 문고리 등을 닦고, 물기를 꽉 짠 걸레로 바닥 닦기
정리하기	사용한 걸레는 햇볕에 말리고, 신발은 신발장, 우산은 우산꽂이에 정리하기

㉡ 정리 정돈하는 방법

• 오래 간수할 물건 : 깊이 넣되, 필요 시 찾아 쓰기 쉽도록 목록을 만들거나 정리 상자에 이름표를 붙여 둔다.

• 자주 쓰는 물건 : 가까운 곳에 넣되, 한눈에 알아보거나 넣고 빼기 쉽게 정리한다.

• 작은 놀이 기구와 운동 기구 : 종류별로 구분하여 상자나 바구니에 넣고, 학용품과 소지품은 서랍 속에 넣어둔다.

• 자주 입는 옷과 모자 : 한곳에 걸어두며, 양말은 서랍이나 상자에 넣어 정리한다.

> **바로 확인**
>
> **청소를 할 때 가장 먼저 해야 하는 일은?**
> ① 바닥 쓸기
> ② 바닥 닦기
> ❸ 창문 열기
> ④ 걸레 빨아 널기

ⓒ 책상 정리하기

- 책상은 채광을 생각하여 창문의 오른쪽 벽에 놓는다.
- 자주 사용하는 책과 공책은 책꽂이, 자주보지 않는 책은 책장이나 상자에 둔다.
- 책상 서랍은 물건 구분을 위해 상자나 판지를 이용한다.
- 전등은 그림자가 지지 않도록 하기 위해 책상 위 왼쪽에 놓는다.

물건의 정리와 보관을 잘 하면 좋은 점이 아닌 것은?
① 다음에 사용하기 쉽다.
② 돈을 낭비하지 않게 된다.
❸ 공부나 일의 능률이 오르지 않는다.
④ 물건을 쉽게 찾을 수 있어 시간이 절약된다.

 더 알아두기

청소하기

청소 형태	청소할 곳	청소 방법과 유의점
쓸기	마당, 마루, 방	• 바람이 부는 방향을 따라, 먼지나 쓰레기가 날리지 않게 비로 쓸어 낸다. • 전기 청소기를 사용할 때에는, 먼저 종이 조각과 같이 흡진구가 막힐 정도의 쓰레기는 비로 쓸어낸다.
닦기	방바닥, 마룻바닥, 비닐 타일, 유리창	• 먼지나 쓰레기를 쓸어 낸 다음에는 물걸레로 닦는다. • 때가 많이 묻은 곳은 세제로 닦아낸다. • 유리창은 물걸레로 닦은 후, 마른 걸레로 닦는다.
윤내기	마룻바닥, 비닐 타일	마른 걸레에 왁스를 칠하여 윤을 낸다.

② 학교에서

ㄱ 청소하는 순서

역할 분담하기

청소에 알맞은 옷차림과 청소 도구 갖추기

창문 열기

의자는 책상 위에 올리고 두 사람이 책상을 들어 뒤쪽으로 옮기기

앞쪽 공간을 비로 쓸기

바닥을 대걸레로 닦기

책상을 원래대로 옮기고 의자 내려놓기

청소 도구를 제자리에 정돈하고 걸레 깨끗이 빨아서 널기

쓰레기 버리기

청소 끝나고 손 씻기

ⓒ 정리 정돈하는 방법

• 작은 물건은 상자에 보관한다.

• 꺼내기 좋고 보기 좋게 정리한다.

• 크고 넓은 것은 아래쪽에 두고, 작고 얇은 것은 위쪽에 둔다.

• 연필, 색연필 등은 통에 꽂아 둔다.

제2절 쓰레기 처리와 재활용

생활의 길잡이 가정과 학교에서 배출되는 쓰레기를 재생용과 폐기용으로 분리하여 처리할 수 있으며, 환경 오염을 줄이려는 태도를 갖는다.

(1) 쓰레기 처리의 필요성

① 쓰레기의 양이 갈수록 늘어난다.

② 잘 분해되지 않는 쓰레기들이 늘어간다.

③ 쓰레기를 처리하는 과정에서 환경 오염이 발생된다.

④ 쓰레기를 처리하는 데 비용이 많이 든다.

쓰레기 매립의 피해
- 농사를 지으면 땅속의 오염 물질이 식물로 옮겨가 우리에게 피해를 준다.
- 지하수가 오염되어 맑은 물을 얻을 수 없다.
- 비가 오면 강으로 흘러들어가 물을 오염시킨다.

(2) 쓰레기 분리 처리 방법

① 쓰레기 종량제 : 배출되는 쓰레기의 양에 따라 버리는 사람이 비용을 부담하는 제도로 우리나라 쓰레기 발생량을 줄이고자 시행되었다.

② 음식물 쓰레기는 가축의 사료로 다시 만들어지므로 딱딱한 껍데기나 씨앗, 뼈 등 동물이 먹을 수 없는 것을 넣지 말아야 한다.

배출되는 쓰레기의 양에 따라 버리는 사람이 비용을 부담하는 제도로 우리나라 쓰레기 발생량을 줄이고자 시행된 제도는 ( )이다.

쓰레기 종량제

생 활 쓰레기	재생용	재사용	가전제품, 청량음료수 병, 가구, 옷, 책 등
		재활용	신문지, 술병, 금속 캔, 플라스틱 용기 등
	폐기용	소각	나무젓가락, 담배, 코팅된 광고지 등
		매립	도자기, 형광등, 화분 등

더 알아두기

쓰레기를 줄이고 재활용하는 방법

- 고장 난 물건은 고쳐서 쓴다.
- 옷이나 장난감을 나누어 쓴다.
- 쓰레기는 반드시 분리 처리한다.
- 일회용품은 되도록 사용하지 않는다.
- 재활용 가능 표시 제품을 쓴다.
- 장바구니를 사용한다.
- 음식은 먹을 만큼만 만든다.
- 과대포장한 상품은 되도록 피한다.

(3) 재활용 쓰레기 분류 · 처리 방법

분 류	재활용이 가능한 것 분류하기	재활용 쓰레기 배출 방법
종이류	종이 상자류, 신문지, 책, 달력, 포장지, 우유갑 등	• 신문, 잡지 등으로 구분하여 접거나 묶기 • 비닐 코팅된 겉표지 떼어 내기 • 내용물을 비워 납작하게 한 후 말리기
병 류	음료수 병, 술병 등	• 안의 내용물을 모두 버리고 뚜껑 제거하기 • 색깔별로 모으기 • 이물질을 넣지 않기
캔 류	음료수 캔, 음식물 캔, 가스 용기 등	• 안의 내용물을 모두 버리고 쭈그러뜨리기 • 분리한 고리를 캔 안에 넣기 • 부탄가스나 살충제 용기는 구멍 뚫기
플라스틱류	세제 용기, 여러 가지 음료 용기 등	• 분류 표시 확인하기 • 내용물을 비우고 씻기

 **이것만은 꼬~옥**

재사용과 재활용
- 재사용 : 사용했던 것을 다시 쓰는 것('아나바다' 운동 → 아껴 쓰고, 나눠 쓰고, 바꿔 쓰고, 다시 쓴다)
- 재활용 : 폐품 따위를 다시 가공하여 쓰는 것

콕! 찍어주는 **핵심정리**

01 정리 정돈을 잘하면 필요한 물건을 빨리 찾을 수 있어서 **시간**을 절약할 수 있다.

02 **쓰레기 종량제**는 쓰레기를 버리는 사람에게 비용을 부담하게 하는 제도이다.

03 청소의 필요성
① 세균·해충의 번식으로 건강이 나빠진다.
② 집 안이 더러우면 기분이 불쾌하여 비능률적이 된다.

04 능률적인 청소
① 쓸기 : 바람이 부는 방향을 따라 먼지나 쓰레기가 날리지 않게 비로 쓸어 낸다.
② 닦기 : 먼지나 쓰레기를 쓸어 낸 다음에는 물걸레로 닦는다.
③ 윤내기 : 마른 걸레에 왁스를 칠하여 윤을 낸다.

알아두면 점수따는 이야기

아름다운 가게

아름다운 가게는 물건의 재사용과 재순환을 통해 우리 사회를 친환경적으로 변화시키고자 하는 곳이다. 또한, 헌 물건을 팔아 생긴 수익으로 도움의 손길이 필요한 우리의 이웃과 공익 활동을 하는 단체를 지원하는 시민 단체이다. 아름다운 가게는 단순히 물건을 사고파는 곳이 아니라 수익 배분을 통한 나눔, 지역 주민들의 기증을 통한 물품의 순환을 실천하는 지역 공동체의 중심 역할을 하고 있다.

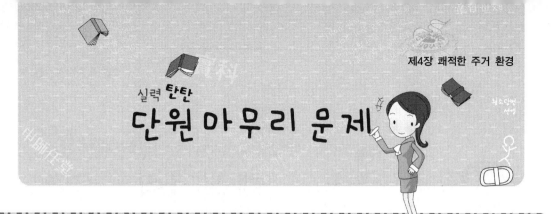

실력 탄탄
단원 아무리 문제

01 다음은 어떤 물건을 정리하는 방법인가?

> 종류별로 구분하여 상자나 바구니에 넣는다.

① 오래 간수할 물건   ② 자주 쓰는 물건

③ 작은 놀이 기구와 운동 기구   ④ 자주 입는 옷과 모자

① 깊이 넣되, 필요 시 찾기 쉽도록 목록을 만든다.
② 가까운 곳에 넣되, 한눈에 알아보기 쉽고 꺼내기 쉽게 정리한다.
④ 한 곳에 걸어 두며, 양말은 서랍이나 상자에 넣어 정리한다.

02 영수증을 보관하기 적당한 곳은?

① 책상 위   ② 주머니 속

③ 지갑 속   ④ 일정한 상자 속

고지서나 영수증 등을 종류별로 모아 정리 상자에 보관해 두면 재지불하는 것을 막을 수 있다.

03 다음 중 쓰레기를 줄이고 재활용하는 방법으로 잘못된 것은?

① 과대 포장은 삼가도록 한다.   ② 일회용품을 되도록 많이 쓴다.

③ 쓰레기는 반드시 분리 처리한다.   ④ 음식은 먹을 만큼만 만든다.

정답 01 ③   02 ④   03 ②

04 다음 중 정리 정돈의 필요성으로 알맞지 <u>않은</u> 것은?

① 필요한 물건을 찾을 수 없다.

② 시간이 절약된다.

③ 사용할 수 있는 공간이 넓어진다.

④ 낭비를 막을 수 있다.

정리 정돈의 필요성
- 깨끗하게 정돈된 느낌을 주어 공부나 일을 할 때 능률이 오른다.
- 물건을 쉽게 찾을 수 있고, 사용하기 쉬워서 시간을 낭비하지 않는다.
- 물건을 찾지 못해 다시 사는 일이 없으므로 돈을 낭비하지 않는다.

05 다음 정리 정돈하는 방법과 관련이 있는 곳은?

> 악기나 미술 용품 등을 찾아 쓰기 편리하도록 정리하여 보관한다.

① 옷장　　　　　　　　　　② 사물함
③ 책꽂이　　　　　　　　　④ 책장

06 다음 중 청소하는 순서를 올바르게 나열한 것은?

> ㉠ 젖은 걸레로 바닥 닦아내기　　㉡ 먼지떨이로 먼지 떨기
> ㉢ 빗자루로 먼지나 쓰레기 쓸어 내기　㉣ 주변 물건 정리하기
> ㉤ 창문 열기

① ㉤ → ㉣ → ㉡ → ㉢ → ㉠　　② ㉠ → ㉡ → ㉣ → ㉢ → ㉤
③ ㉤ → ㉣ → ㉢ → ㉡ → ㉠　　④ ㉡ → ㉢ → ㉠ → ㉣ → ㉤

07 효율적인 청소 방법으로 알맞지 <u>않은</u> 것은?

① 걸레를 사용한 후에는 빨아서 말려 놓는다.

② 빗자루는 마루와 수직 방향으로 세우고 쓸어낸다.

③ 진공청소기를 사용할 때에는 휴지를 미리 치우지 않는다.

④ 청소하는 순서와 방법에 맞게 해야 한다.

진공청소기를 사용하기 전 큰 쓰레기나 휴지 등은 미리 치운다.

08 다음 중 일상생활에서 재활용할 수 있는 쓰레기가 <u>아닌</u> 것은?

① 종이

② 헌 운동화

③ 플라스틱

④ 캔

09 음식물 쓰레기를 버릴 때 넣지 말아야 할 것은?

① 이쑤시개

② 먹다 남은 빵

③ 밥

④ 김치

음식물 쓰레기를 버릴 때 이쑤시개, 비닐봉지, 나무젓가락, 병뚜껑 등의 이물질은 들어가지 않도록 주의한다.

생활 속의 목제품

제1절 생활 속의 목재 이용

제2절 목제품 구상과 만들기

어느 누구도 과거로 돌아가서 새롭게 시작할 순 없지만
지금부터 시작하여 새로운 결말을 맺을 순 있다.
– 키를 바르트

05장

술술 풀리는
초등 실과

chapter **05**

생활 속의 목제품

제1절 생활 속의 목재 이용

생활의 길잡이 목재의 특성과 생활에서 활용되는 목제품의 종류를 알 수 있다.

(1) 목재의 특성

① 좋은 점

　㉠ 가공하기 쉽다.

　㉡ 따뜻하고 부드러운 느낌을 준다.

　㉢ 더위나 추위로부터 보호해 준다.

② 나쁜 점

　㉠ 불에 타기 쉽다.

　㉡ 습하면 썩기 쉽다.

　㉢ 건조되면서 갈라지거나 뒤틀림이 생긴다.

다음 중 목재의 특성으로 알맞지 않은 것은?

① 불에 타기 쉽다.
② 가볍고 가공하기 쉽다.
③ 습기에 약하다.
④ 깨지기 쉽다.

(2) 목재의 성질과 선택

① 목재의 종류

구 분	침엽수	활엽수
종 류	소나무, 낙엽송 등 잎이 바늘 모양으로 된 나무	느티나무, 오동나무 등 잎이 넓적한 나무
특 성	나무결이 곧고 단단하다.	제재하면 고운 무늬가 생긴다.
이 용	건축이나 토목 재료	가구 재료

이것만은 꼬~옥
- 결실수 : 열매를 맺는 나무
- 활엽수 : 줄기가 여러 갈래로 갈라지고 잎이 넓은 나무
- 침엽수 : 줄기가 곧고 곁가지가 짧게 나며, 잎이 바늘처럼 가늘고 긴 나무

🎁 목재는 통나무로도 쓰이지만, 쓰임새에 따라 각재나 판자로 켜서 쓴다.

침엽수
소나무   전나무

활엽수
느티나무   상수리나무

 **더 알아두기**

목재 가공재의 종류와 특성

- **파티클 보드** : 목재 부스러기, 톱밥 등을 잘게 부수어 한 층씩 펴고, 그 사이에 접착제를 섞어 압축한 것 ➡ 결의 방향성이 없으며, 소리를 잘 흡수하고 열을 잘 차단한다.
- **플로어링** : 판재의 한쪽 옆에는 홈을 파고 다른 쪽에는 촉을 만들어 끼워 맞춘 것
  ➡ 재질이 단단하고 무늬가 아름답다.
- **합판** : 원목을 얇게 켜서 섬유 방향이 직교하도록 겹쳐 붙여 만든 것
  ➡ 넓은 판을 얻을 수 있고, 결에 따라 잘 쪼개지지 않는다.
- **집성제** : 여러 개의 판재나 작은 각재들에 접착제를 발라 나란하게 모은 다음 열을 가해 압착시킨 것 ➡ 결의 무늬를 살리고, 원목의 질감을 그대로 유지할 수 있다.

목재를 켜는 방법에 따른 구분		
곧은결 판자	나이테에 거의 직각이 되게 켜낸 것	곧은결 판자는 무늿결 판자에
무늿결 판자	나이테에 비스듬히 켜낸 것	비해 변형이 적음

② 목재의 성질

장 점	단 점
• 아름다운 색깔과 무늬가 있다.	• 불에 타기 쉽고 썩기 쉽다.
• 부드럽고 따뜻한 느낌을 준다.	• 습기에 의해 수축되거나 팽창된다.
• 가벼우면서도 튼튼하다.	• 뒤틀어지거나 갈라지기 쉽다.
• 가공하기 쉽다.	

🪣 목재를 사용할 때는 장점은 살리고 단점은 보완할 수 있도록 해야 한다.

예 합판 : 휨과 갈라짐 및 수축을 줄이기 위해 원목을 얇게 켜서, 나뭇결이 서로 직각이 되게 접착제를 홀수붙임을 하여 만든 것이다. 때문에 변형이 적고 단단하며 넓게 대어 쓰기에 편리하여 판자보다 널리 쓰인다.

③ 목재의 선택

㉠ 목재는 충분히 건조해야 변형이 적어진다.

㉡ 용도에 따라 제재한 목재를 사용하기도 하고, 공장에서 가공한 것(합판)을 사용하기도 한다.

• 자연 건조 : 비에 맞히지 않고 햇볕이 직접 쬐지 않는 곳에서 바람이 잘 통하도록 쌓아 말린다.
• 인공 건조 : 건조실에 넣어 건조시킨다.

제2절 목제품 구상과 만들기

생활의 길잡이 다양한 공구의 종류와 사용 방법을 알고, 생활에 필요한 간단한 목제품을 창의적으로 구상하여 만들 수 있다.

(1) 목제품을 구상하고 만드는 과정

① 정보 수집 및 아이디어 구상하기 : 문제를 해결할 수 있는 다양한 자료와 정보를 수집하고, 창의적인 목제품을 구상한다.

> **제품 설계하기**
> 좋은 제품은 제품의 기능을 충분히 발휘하고, 사용하기에 편리하며, 사용하는 사람의 마음을 즐겁게 해 줄 수 있어야 한다.

② 아이디어 평가 및 선정하기 : 다양한 관점에서 따져 보아 문제 해결을 위한 가장 적합한 아이디어를 선정한다.

③ 스케치하기

ㄱ 만들고자 하는 목제품의 완성된 모양을 입체적으로 표현한다.

ㄴ 연필로 전체적인 형태를 잡고, 작은 부분을 자세하게 표현한다.

> **잠깐**
> **스케치하기 전에 생각할 점**
> • 어디에 사용할 것인가?
> • 활용 가치는 있는가?
> • 어떤 재료와 공구가 필요한가?
> • 재활용 과정에서 어려운 점은 무엇인가?

④ 구상도 그리기

ㄱ 스케치를 기초로 자를 이용하여 실선으로 정확한 모양을 그린다.

ㄴ 치수 보조선과 치수선을 그리고, 치수선에 맞게 mm 단위로 치수를 기입한다.

 바로 확인

목재를 자르거나 켤 때에 사용하는 그림과 같은 공구를 무엇이라고 하는가?

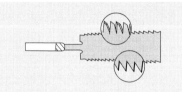

❶ 양날 톱   ② 대패
③ 장도리   ④ 귀얄

⑤ 제작도 그리기

ㄱ 구상도를 바탕으로 목제품의 전체적인 조립도를 그린 후 축소하여 각 부품의 부품도를 그린다.

ⓛ 부품도에 치수선과 치수 보조선을 그린다.

⑥ 재료 및 공구 준비하기 중요

ㄱ 톱

양날톱의 사용법
양날톱은 자르는 톱니와 켜는 톱니로 되어 있다. 자르는 톱니는 판재를 직각으로 자를 때 사용하고, 켜는 톱니는 판재를 길이 방향으로 자를 때 사용한다. 자르는 톱니로 판재를 켜거나 켜는 톱니로 판재를 자르는 경우 톱날이 잘 나가지 않으므로 잘 구별하여 사용한다.

- 이용 : 목재를 켜거나 자르는 데 쓰이는 공구로서, 쓰임새에 따라 여러 가지가 있다.

- 가장 널리 쓰이는 양날톱

자르는 톱니	목재를 섬유 방향의 직각으로 자를 때 이용	
켜는 톱니	목재를 섬유 방향으로 켤 때 이용	

더 알아두기

좋은 제품을 설계하기 위해서 고려할 점

- 사용하기 편리해야 한다.
- 비용이 저렴해야 한다.
- 용도에 맞는 기능이 있어야 한다.
- 아름다워야 한다.
- 독창적이어야 한다.

ⓛ 장도리

- 이용 : 못을 박거나 뽑을 때 쓰인다.
- 못을 박을 때 : 못대가리를 정확히 쳐서 못이 바로 박히도록 한다.
- 못을 뽑을 때 : 장도리의 머리 부분에 의해 일감 면에 흠집이 생기지 않도록 주의한다.

  🗑 못을 박을 때는 한쪽 끝이 뾰족한 망치가 쓰이기도 하며, 못을 뽑을 때는 못뽑이가 쓰이기도 한다.

바로 확인

못을 박거나 뺄 때 사용하는 다음 공구는?

❶ 장도리   ② 양날톱
③ 드라이버   ④ 곱자

ⓒ 곱자

- 뜻 : 직각이 되게 만들어진 자
- 이용 : 목재를 마름질할 때, 재료의 치수를 잴 때, 물건의 안팎 모서리의 직각을 점검할 때, 직선을 그을 때에 쓰인다.

[곱자]

(2) 만들기

① 마름질하기 : 설계도의 치수에 맞추어 선을 그은 후 톱질을 한다.

② 톱질하기

ⓐ 작은 목재의 톱질 : 작업대 위에 목재를 올려 놓고 왼손으로 목재를 누르고 오른손으로 톱질한다.

ⓑ 큰 목재의 톱질 : 톱질대 위에 목재를 올려 놓고 왼발로 누르면서 두 손으로 톱질한다.

ⓒ 위판과 밑판, 옆판, 위판멎이, 위판 손잡이를 치수에 맞게 정확히 자른다.

 더 알아두기

톱질할 때 주의할 점

- 시작할 때 먼저 5~10mm 정도 길잡이 톱질을 한다.
- 톱날 위에서 내려다 보아 톱이 한쪽으로 기울어지지 않도록 한다.
- 당길 때 힘을 주고 밀 때는 주지 않는다.
- 자르는 것과 켜는 것은 다르기 때문에 자르는 톱니나 켜는 톱니를 골라 톱질한다.

③ 조립하기

ⓐ 접합 부분에 선을 긋고 예비 구멍을 뚫는다.

🌱 목재 두께의 1/3 정도 되도록 송곳으로 미리 뚫으면 못질하기가 편하다.

ⓑ 상자의 옆판과 옆판을 못질한다. 못질한 옆판 모서리에 곱자나 직각자를 대어 보고 직각이 되도록 조절한다.

ⓒ 옆판이 조립되면 밑판을 대고 예비 구멍을 뚫은 다음 못을 박는다.

ⓔ 뚜껑이 움직이지 않도록 위판 안쪽에 목재용 접착제로 멎이를 붙인다.

ⓜ 위판의 각 모서리에서 대각선을 그은 다음 대각선이 만나는 점의 위치에 목재용 접착제로 손잡이를 붙인다.

④ 칠하기

㉠ 사포로 표면의 나뭇결을 따라 가볍게 문지른다.

　🎁 칠감이 잘 붙도록 하기 위한 작업이다.

㉡ 귀얄에 토분을 묻혀 나뭇결의 골이 메워지도록 표면에 고루 바른다.

㉢ 토분이 반 정도 마른 다음, 마른 헝겊으로 잘 닦아낸다.

㉣ 합판이 완전히 마른 다음 귀얄로 니스칠을 한다.

　🎁 칠은 나뭇결과 같은 방향으로 한다.

㉤ 초벌칠이 마르면 가는 사포로 다시 문지른다.

㉥ 칠을 한두 번 더 한다.

사포질하는 방법

• 적당한 크기의 나무조각을 사포로 감싼다.
• 나뭇결 방향으로 사포질을 한다.
• 넓은 면을 먼저 사포질한다.
• 손이 벗겨지지 않도록 장갑을 낀다.

(3) 평가하기

① 만든 작품, 해결 계획, 만들기의 전 과정을 평가한다.

② 목재와 목공구를 다루는 기능, 실습 자세, 협동 학습 활동 등을 평가한다.

콕! 찍어주는 핵심정리

01 **침엽수의 종류**에는 소나무, 전나무, 잣나무 등이 있으며 목재가 연하고 질기기 때문에 건축, 토목 시설의 뼈대 등 건축 재료로 많이 사용된다.

02 목재를 톱질할 때는 목재와 톱날의 각도를 30° 정도 유지하면서 일직선으로 자른다.

03 용도에 따라 여러 가공 공정을 거쳐 만든 목재를 **가공재**라고 한다.

04 목제품을 만드는 과정에서 크기와 모양을 쉽게 알 수 있도록 입체적으로 그리고 치수를 표현한 것을 **구상도**라고 한다.

05 목재에 부품의 모양에 맞게 금긋기와 자르는 활동을 **마름질**이라고 한다.

06 제도란?

약속된 **기호로 그림**을 나타내는 것

 도면 : 제도로 그려진 그림

⬡ 제도 용구 : 제도판, T(티)자, 삼각자, 컴퍼스, 연필

07 목재의 성질

장 점		단 점
• 아름다운 색깔과 무늬	• 부드럽고 따뜻한 느낌	• 불에 타기 쉽고 썩기 쉬움
• 가벼우면서도 튼튼함	• 가공하기 쉬움	• 습기에 의해 수축·팽창됨
		• 뒤틀어지거나 갈라지기 쉬움

08 목공구의 사용

① 톱 : 목재를 켜거나 자르는 데 쓰이는 공구(양날톱 – 자르는 톱니, 켜는 톱니)

⬡ 실톱 : 목재를 곡선으로 톱질할 때 사용하는 공구

② 장도리 : 못을 박거나 뽑을 때 쓰이는 공구

③ 곱자 : 목재를 마름질할 때, 재료의 치수를 잴 때, 물건 안팎 모서리의 직각을 점검할 때, 직선을 그을 때 쓰이는 공구

④ 대패 : 목재를 매끄럽게 다듬는 데 쓰이는 공구

01 나뭇결이 곧고 단단하여 건축이나 토목 재료로 사용되는 나무는?

① 소나무

② 느티나무

③ 오동나무

④ 뽕나무

잎이 바늘처럼 가늘고 길며 단단한 나무를 총칭하는 침엽수에 해당하는 나무는?

① 목련   ② 단풍나무

❸ 소나무   ④ 오동나무

목재의 종류

- 소나무, 낙엽송 등 침엽수 : 나뭇결이 곧고 단단하여 건축이나 토목 재료에 이용
- 느티나무, 오동나무 등 활엽수 : 제재하면 고운 무늬가 생겨 가구 재료로 이용

02 다음 중 목재의 단점은?

① 부드럽고 따뜻한 느낌을 준다.   ② 가볍다.

③ 습기에 의해 변형되기 쉽다.   ④ 가공하기 쉽다.

①, ②, ④는 목재의 장점이다.

③ 외에도 목재는 뒤틀어지거나 갈라지기 쉽고, 불에 타고 썩기 쉬운 단점이 있다.

03 다음과 같은 일들은 어떤 작업을 할 때인가?

> ㉠ 접합 부분 선긋기　　㉡ 예비 구멍 뚫기
> ㉢ 못박기　　　　　　　㉣ 손잡이 및 멎이 붙이기

① 마름질 하기　　　　　② 조립하기
③ 칠하기　　　　　　　④ 구상하기

 조립할 때의 순서는 ㉠ → ㉡ → ㉢ → ㉣이다.

04 다음 중 못을 박거나 뽑을 때 쓰이는 목공구는?

 ①

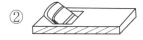 ②

 ③

 ④

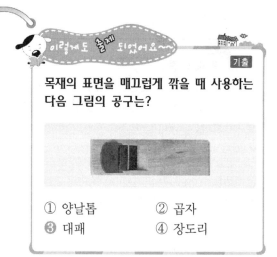

이렇게도 출제 되었어요~

기출

목재의 표면을 매끄럽게 깎을 때 사용하는 다음 그림의 공구는?

① 양날톱　　② 곱자
❸ 대패　　　④ 장도리

 ① 장도리 : 못을 박거나 뽑을 때 쓰이는 도구
② 대패 : 목재의 표면을 평면이나 곡선으로 매끈하게 깎을 때 사용
③ 끌 : 목재에 네모진 구멍을 뚫을 때 사용
④ 톱 : 목재를 켜거나 자를 때 사용

05 다음 중 목제품을 만드는 과정에서 가장 먼저 해야 할 일은?

① 재료와 공구 준비하기   ② 평가하기

③ 아이디어 구상하기   ④ 구상도 그리기

06 다음 중 활엽수는?

① 느티나무   ② 잣나무

③ 전나무   ④ 소나무

목재의 종류

구 분	침엽수	활엽수
종 류	소나무, 낙엽송 등 잎이 바늘 모양으로 된 나무	느티나무, 오동나무 등 잎이 넓적한 나무
특 성	나무결이 곧고 단단하다.	제재하면 고운 무늬가 생긴다.
이 용	건축이나 토목 재료	가구 재료

07 목공용 공구 중 판재에 못을 박거나 뺄 때 사용하는 것은?

① 귀얄   ② 곱자

③ 양날톱   ④ 장도리

장도리
- 못을 박을 때 : 못대가리를 정확히 쳐서 못이 바로 박히도록 한다.
- 못을 뽑을 때 : 장도리의 머리 부분에 의해 일감 면에 흠집이 생기지 않도록 주의한다.

08 목제품을 재활용하기 전에 고려해야 할 점으로 알맞지 <u>않은</u> 것은?

① 어떤 재료와 공구가 필요한가   ② 목제품의 가격은 얼마인가

③ 활용할 가치가 있는가   ④ 어디에 사용할 것인가

09 다음 목공용 공구 중 나사못을 조이거나 풀 때 사용하는 것은?

① 드라이버　　　　　　　② 귀얄

③ 양날톱　　　　　　　　④ 곱자

10 다음 중 침엽수의 특징으로 알맞은 것은?

① 실내 장식용 재료로 많이 사용된다.　② 꽃이 대체로 크다.

③ 잎의 무늬가 아름답다.　　　　　　　④ 잎이 바늘 모양을 하고 있다.

11 다음 빈칸에 들어갈 알맞은 말은?

> 목재의 표면을 매끄럽게 깎을 때 사용하는 공구는 (　　　)이다.

① 양날톱　　　　　　　　② 귀얄

③ 대패　　　　　　　　　④ 곱자

12 다음에서 설명하는 목공용 용구는?

> 기역자라고도 하는데 한쪽은 길고 한쪽은 짧은 'ㄱ'자 모양으로 만들어졌다.

① 곱자　　　　　　　　　② 대패

③ 양날톱　　　　　　　　④ 드라이버

해설
곱자의 이용 : 목재를 마름질할 때, 재료의 치수를 잴 때, 물건의 안팎 모서리의 직각을 점검할 때, 직선을 그을 때에 쓰인다.

06장

하루하루가 현명한 사람에게는 새로운 삶이다.
오늘은 절대로 다시 오지 않는다는 것을 기억하라!
– 단테 알리기에리

06장

술술 풀리는
초등 실과

제1절 생활 속의 식물

생활의 길잡이 여러 가지 꽃과 채소의 종류와 특성, 다양한 쓰임새를 알고, 식물과 소품을 이용한 실내 꾸미기를 할 수 있다.

(1) 화초의 종류와 특성 중요

종 류	특 성	꽃
한두해살이 화초	씨를 뿌린 뒤 한 해 또는 두 해째 꽃이 핀다.	나팔꽃, 백일홍, 데이지, 맨드라미, 코스모스, 팬지, 봉선화
여러해살이 화초	한 번 심어 놓으면 그대로 여러 해 동안 계속 꽃이 핀다.	국화, 꽃창포, 작약, 카네이션, 옥잠화
알뿌리 화초	땅 속의 뿌리나 줄기로 번식한다.	달리아, 글라디올러스, 백합, 수선화, 칸나
꽃나무	꽃밭이나 정원에 심어 관상한다.	무궁화, 개나리, 목련, 장미, 라일락, 수국
난 초	뿌리가 굵고 잎은 홑잎인 식물	춘란, 호접란 등
선인장	가시가 있는 줄기에 수분을 저장하는 식물	

다육 식물	줄기나 잎 속에 수분을 저장하는 식물	알로에
수생 식물	물속에서 자라는 식물	수련, 부레옥잠 등
식충 식물	벌레를 잡아먹는 식물	파리지옥, 끈끈이주걱 등

[채송화]

[둥굴레]

[글라디올러스]

[선인장]

[란타나]

[수련]

[수박페페로미아]

[사라세니아]

[화초의 종류]

(2) 생활에서 꽃의 쓰임새 알기

① 축하나 위로 등의 감정을 전달한다.

② 생활 환경을 아름답게 꾸며 준다.

③ 포푸리, 화장품, 비누 등의 원료와 화전, 꽃 비빔밥 등 음식 재료로 쓰인다.

 바로확인

01 다음 중 씨를 뿌린 후 여러 해 동안 꽃이 피는 식물은?

① 칸나   ❷ 국화

③ 춘란   ④ 봉선화

02 다음 중 알뿌리 화초는?

❶ 튤립   ② 국화

③ 봉선화   ④ 나팔꽃

(3) 채소의 종류와 특성

① **열매채소** : 딸기, 토마토, 수박, 호박, 참외, 오이, 고추, 가지, 파프리카 등

② **잎줄기채소** : 배추, 양배추, 시금치, 파, 아스파라거스, 셀러리, 죽순 등

③ **뿌리채소** : 무, 당근, 우엉, 생강, 토란, 고구마, 순무 등

[가지]　　[당근]　　[양배추]　　[오이]　　[상추]

[연근]　　[참외]　　[파]　　[마늘]

[채소의 종류]

(4) 식물과 소품을 이용하여 실내 꾸미기

① 식물을 이용한 실내 환경 꾸미기의 효과

　㉠ 아름다운 실내 환경을 만들 수 있다.

　㉡ 집 안의 공기가 깨끗해지고 습도가 조절되어 쾌적하다.

　㉢ 새집 증후군을 감소시켜 주고, 정서를 안정시켜 준다.

> **잠깐**
> **새집 증후군**
> 집이나 건물을 새로 지을 때 사용하는 건축 자재나 벽지에서 나오는 물질로 인해 거주자가 느끼는 건강상의 문제 및 불쾌감을 말한다.

② 실내 환경을 꾸미기에 알맞은 식물

　㉠ 실내에서도 잘 자라며 키우기 쉽고 모양이 예쁜 식물

　㉡ 관엽 식물, 다육 식물, 수생 식물, 난초 등

③ 어항, 스탠드, 쿠션 등의 소품을 함께 이용하여 꾸민다.

④ 장소에 맞게 계획한다.

모판 만들기

• 땅 일구기 : 볕이 잘 들고, 기름지며, 물빠짐이 좋은 곳을 택하여 땅을 깊게 파고 거름을 주며 흙을 잘게 부순다.

🌱 모래가 많은 땅에는 질흙을 섞고, 질흙땅에는 모래를 섞어 땅의 성질을 알맞게 해 준다.

농기구	이 름	사 용	농기구	이 름	사 용
	레이크	돌과 잡초를 추리고 흙을 고를 때		삽	흙을 파 일구거나 떠 옮길 때
	괭이	굳은 땅을 파거나 흙덩이를 부수고 흙을 고를 때			

[여러 가지 농기구]

• 밑거름 넣기 : 잘 썩은 두엄, 깻묵, 쌀겨, 닭똥, 뼛가루 등의 재료를 흙을 파 일구기 전에 땅 전체에 뿌리기도 하고, 흙을 파 일군 다음 골을 파고 넣기도 한다.

토마토, 상추, 호박가꾸기

구 분	토마토	상 추	호 박
특 징	모종을 구하기 쉽고, 가꾸기가 쉽다.	자라는 기간이 짧고, 병충해가 적다.	울타리 밑이나 밭둑에서 많이 가꾼다.
가꾸는 시기	이른 봄 온상에서 모종을 기른 다음 4월경 옮겨 심어 가꾼다.	1년 내내 가꿀 수 있다.	토마토와 같이 가정에서는 4월 하순 경 아주뿌리기를 해서 가꾼다.
가꾸는 순서	① 잘 썩은 두엄과 석회 등을 뿌린다. ② 땅을 일구고 아주심기를 한다. ③ 받침대를 세우고, 곁순을 따 준다. ④ 돌려짓기와 약제 소독으로 병충해를 막는다.	① 잘 썩은 두엄, 재를 뿌리고 밭을 일군다. ② 7~8일 후 싹이 트면 솎아 낸다. ③ 2~3번에 걸쳐 질소질 거름을 준다.	① 두엄, 닭똥, 재를 넣고 북을 만든다. ② 북을 비스듬히 깎고, 호박씨를 심는다. ③ 싹이 트면 솎아 준다. ④ 자라는 동안 풀을 뽑아 주고 여러 번 덧거름을 준다.

제2절 꽃이나 채소 가꾸기

생활의 길잡이 식물 가꾸기의 이로움, 꽃과 채소 재배에 필요한 생육 환경과 재배 방법을 알고, 직접 심고 가꿀 수 있다.

(1) 식물 가꾸기의 이로움

① 의식주 생활에 필요한 것들을 얻을 수 있다.

② 주변 환경이 아름답고 쾌적해진다.

③ 기후 조건을 조절하여 생태계를 유지한다.

④ 정서적 만족감을 준다.

> **이것만은 꼬~옥**
> • 진정가위 : 두꺼운 잎이나 나뭇가지를 자르는 데 사용함
> • 호미 : 잡초를 없애거나 단단한 흙덩이를 부수는 데 사용함
> • 물뿌리개 : 식물에 물을 주는 데 사용함
> • 모종삽 : 흙이나 어린 식물을 옮기는 데 사용함

(2) 꽃이나 채소 가꾸기에 알맞은 환경

① 햇빛 : 식물 성장의 필수 요소로, 꽃이 피고 열매를 맺을 때 많이 필요하다.

② 수분 : 흙 표면이 말랐을 때 흠뻑 주고, 며칠에 한 번씩 준다.

③ 온도 : 대개 10~20℃ 사이에서 잘 자란다.

④ 토양 : 물빠짐이 적당하고 양분이 있는 것이 좋다.

⑤ 양분 : 식물이 잘 자라고 열매를 풍성하게 맺도록 해준다.

> **바로 확인**
> 뿌리 주위의 흙을 파 주거나 잡초를 제거할 때 사용하는 도구는?
> ① 물뿌리개   ❷ 호미
> ③ 삽   ④ 레이크

(3) 꽃이나 채소 심고 가꾸기

① 식물의 재배 방법

씨뿌리기	씨가 넉넉히 묻히도록 흙을 파고 구멍을 낸 후 씨를 넣음
모종 기르기	햇빛이 잘 드는 곳에서 물을 충분히 줌
비료 주기	영양 물질을 공급하기 위해 밑거름과 덧거름을 줌
병해충 방제	환경 조건이 맞지 않아 해충이나 병이 생길 경우 약을 살포함

 더 알아두기

그 밖의 식물 재배에 필요한 것

1. **살충제** : 벌레를 죽이거나 없애는 데 사용하며, 사용법을 읽고 취급 시 주의한다.

2. **비료** : 흙에 영양을 공급해 주고 식물이 잘 자라도록 도와준다.
   - 덧거름 : 밑거름을 보충
   - 밑거름 : 씨를 뿌리거나 모종을 심기 전에 줌

② 꽃이나 채소 심고 가꾸기

맨드라미	다 자라면 키가 90cm 정도이고, 꽃은 수탉의 볏을 닮았다. 3~6월에 햇빛이 잘 드는 곳에 씨앗을 뿌려 떡잎이 나면 솎아 준다.
서피니아	여름에서 초가을까지 꽃이 피고 줄기가 늘어지기 때문에 화분에 심어 난간이나 가로등에 달아 놓는 경우가 많다.
방울토마토	일반 토마토보다 관리가 쉽고 병충해에 강하다. 햇빛이 잘 드는 곳에 두고 기르며, 꽃이 핀 뒤 50일 정도 지나면 수확한다.
청경채	배추의 한 종류로 중국 요리, 녹즙, 쌈에 이용된다. 씨를 뿌리고 30~40일 정도 지나면 수확한다.
자주개자리 (새싹 채소)	새싹으로 많이 먹으며, 수경 재배법으로 가꾼다.

 알아두면 점수 따는 이야기

재배 일지 기록하기

- 꽃이나 채소를 가꾸면서 재배 일지를 기록해 보면 내가 가꾼 식물이 자라 온 과정과 식물을 가꾸면서 생각했던 점을 다시 되돌아볼 수 있다.
- 재배 일지에는 꽃이나 채소 이름, 가꾸기 방법, 가꾼 장소, 심은 날짜, 수확한 날짜, 재배 모습이나 가꾼 모습, 가꾸면서 느낀 점, 이용 계획 등을 기록한다.

01 화초는 수명과 특성을 고려하여 **한두해살이 화초**와 **여러해살이 화초**로 구분할 수 있다.

02 채소류는 밭에서 기르는 재배 식물로 잎이나 줄기, 열매 등을 먹는다. 채소류는 이용 부위에 따라 **열매채소**, **잎줄기채소**, **뿌리채소**로 분류한다.

03 실내 환경을 꾸미기 위한 식물로는 **햇빛**의 양이 적은 실내에서도 잘 자라며 키우기 쉬운 식물이 알맞다.

04 **베란다**는 창문을 통해 많은 햇빛이 들어와 실내에서 식물을 기를 수 있는 가장 좋은 곳이다.

05 화초의 종류
　① 한두해살이 화초 : 나팔꽃, 백일홍, 데이지, 맨드라미, 코스모스, 팬지
　② 여러해살이 화초 : 국화, 꽃창포, 작약, 카네이션, 옥잠화
　③ 알뿌리 화초 : 달리아, 글라디올러스, 백합, 수선화, 칸나
　④ 꽃나무 : 무궁화, 개나리, 목련, 장미, 라일락, 수국

06 한때 옮겨심기
　모종 사이의 공간이 넓어져 잘 자라며, 잔뿌리가 많이 나서 모종이 튼튼해진다.

07 아주심기
　본잎이 5~6장 나온 꽃 모종을 꽃을 피우거나 열매를 맺게 될 때까지 자라게 될 본밭에 옮겨 심는 것을 말한다.

08 화분갈이의 순서
　① 화분의 가장자리를 손으로 두드려 속을 뽑는다.
　② 뿌리에 얽히지 않은 겉흙을 떨어 낸다.
　③ 길게 나온 뿌리를 자른다.
　④ 자갈, 모래, 배양토를 넣고 심은 후 물을 준다.

09 채소의 종류

① 열매 채소 : 오이, 호박, 참외, 수박, 토마토, 고추, 가지, 딸기

② 뿌리 채소 : 무, 당근, 우엉, 토란

③ 잎줄기 채소 : 배추, 양배추, 상추, 시금치, 파, 마늘

10 꽃이나 채소를 심고 가꾸는 순서

씨앗뿌리기 → 흙 덮기 → 물 주기 → 잡초 뽑기 → 열매 따기

11 물과 거름 주기

① 물 주기 : 날씨가 가물 때는 한꺼번에 흠뻑 젖도록 오전·오후 두 번 정도 주고, 겨울에는 2일에 1회(한낮) 정도 준다.

② 거름 주기 : 깻묵 썩힌 것을 묽게 타서 주거나 화학 거름을 묽게 해서 덧거름을 주면 잘 자란다.

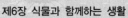

실력 탄탄 단원 마무리 문제

01 다음 꽃 중에서 성질이 <u>다른</u> 것은?

① 나팔꽃

② 백일홍

③ 코스모스

④ 국화

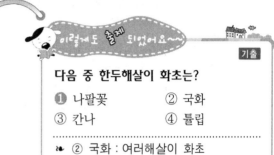

- 한두해살이 화초 : 나팔꽃, 백일홍, 데이지, 맨드라미, 코스모스
- 여러해살이 화초 : 국화, 꽃창포, 작약, 카네이션
- 알뿌리 화초 : 달리아, 글라디올러스, 백합, 수선화
- 꽃나무 : 무궁화, 개나리, 목련, 장미

기출

다음 중 한두해살이 화초는?

❶ 나팔꽃 　　② 국화

③ 칸나 　　④ 튤립

━ ② 국화 : 여러해살이 화초

③ 칸나 : 알뿌리 화초

④ 튤립 : 알뿌리 화초

02 다음 중 알뿌리 화초로 알맞은 것은?

① 백일홍 　　　　　② 도라지

③ 튤립 　　　　　④ 선인장

03 다음의 환경 요소 중 식물이 뿌리를 내려 지탱하게 하고, 수분과 양분을 공급해 주는 것은?

① 온도 　　　　　② 수분

③ 토양 　　　　　④ 햇빛

정답 **01** ④ **02** ③ **03** ③

04 식물이 우리 생활에 주는 도움으로 <u>잘못된</u> 것은?

① 환경과 인체에 해로운 성분을 제공한다.

② 쾌적한 환경과 안정감을 제공한다.

③ 먹을거리를 제공한다.

④ 가구, 집 등의 재료를 제공한다.

식물 가꾸기의 이로움

• 의식주 생활에 필요한 것들을 얻을 수 있다.
• 주변 환경이 아름답고 쾌적해진다.
• 기후 조건을 조절하여 생태계를 유지한다.
• 정서적 만족감을 준다.

05 꽃이나 채소를 돌보는 과정으로 <u>잘못된</u> 것은?

① 병해충이 발생하면 필요한 농약을 뿌려 준다.

② 잡초는 제거하지 않고 내버려 둔다.

③ 시간을 정하여 정기적으로 물을 준다.

④ 호미 등으로 흙을 파 부드럽게 한다.

06 다음 빈칸에 들어갈 알맞은 말은?

화초를 생육 습성에 따라 분류할 때 튤립, 칸나, 달리아 등은 (　　　) 화초이다.

① 알뿌리　　　　　　　　　② 한두해살이

③ 식충　　　　　　　　　　④ 관엽

07 다음 중 열매채소에 해당하는 것은?

① 당근

② 배추

③ 상추

④ 참외

잎과 줄기를 주로 먹는 채소로 짝지어진 것은?

① 무, 당근　　　② 마늘, 오이

❸ 상추, 시금치　④ 호박, 가지

↘ 잎과 줄기를 주로 이용하는 잎줄기채소로는 배추, 양배추, 상추, 시금치, 파, 부추 등이 있다.

08 다음 중 수경 재배하기에 좋은 식물은?

① 방울토마토　　　　　　② 상추

③ 히아신스　　　　　　　④ 봉선화

09 화분갈이에 대한 설명으로 **틀린** 것은?

① 길게 나온 뿌리는 그냥 둔다.

② 공기를 잘 통하게 하기 위해 해 준다.

③ 새 화분은 물에 담갔다가 쓴다.

④ 화분의 가장자리를 손으로 두드려 속을 뽑는다.

화분갈이

뿌리 뻗음을 좋게 하고 공기를 잘 통하게 하며 새 흙을 주어 영양을 좋게 하기 위한 것이다.

- 화분의 가장자리를 손으로 두드려 속을 뽑는다.
- 뿌리에 얽히지 않은 겉흙을 떨어 낸다.
- 길게 나온 뿌리를 자른다.
- 자갈, 모래를 넣는다.
- 배양토를 넣고 심은 후 물을 준다.

10 한때 옮겨심기의 설명이 <u>아닌</u> 것은?

① 본잎이 5~6장 나온 꽃 모종을 본밭에 옮겨 심는다.

② 잔뿌리가 많이 나서 모종이 튼튼해진다.

③ 핀셋이나 대칼을 이용해서 한다.

④ 모종 사이의 공간이 넓어진다.

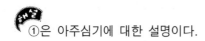
①은 아주심기에 대한 설명이다.

11 정원이나 화단에 꽃을 심는 요령으로 <u>틀린</u> 것은?

① 키가 큰 꽃은 가운데나 뒤쪽에 심는다.

② 키가 작은 꽃은 바깥이나 앞쪽에 심는다.

③ 색깔이 어울리도록 섞어서 심는다.

④ 주위 환경과는 상관없이 예쁘게 심는다.

꽃밭이나 정원에 꽃을 심을 때에는 꽃의 색깔과 키를 생각하여, 주위 환경과 어울리도록 아름답게 꾸며야 한다.

chapter

07

정보 기기와 사이버 공간

제1절 정보 기기의 특성과 활용
제2절 사이버 공간의 특성과 윤리

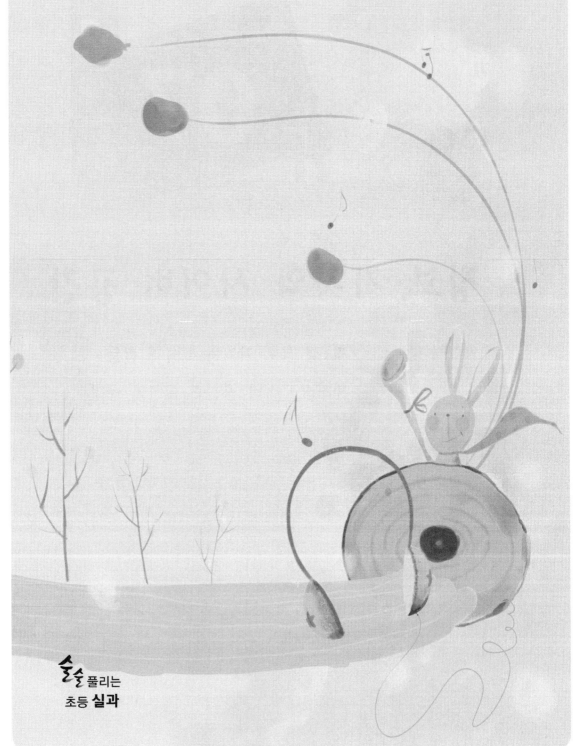

길을 모르면 물으면 될 것이고, 길을 잃으면 헤매면 그만이다.
중요한 것은 나의 목적지가 어디인지 늘 잊지 않는 마음이다.
– 한비야

술술 풀리는
초등 실과

chapter 07 정보 기기와 사이버 공간

제1절 정보 기기의 특성과 활용

생활의 길잡이 정보 기기의 특성과 구성에 대해 알아보자.

(1) 정보 기기의 종류와 특성

① 정보 기기 : 여러 가지 정보를 처리하거나 관리해 주는 장치

② 정보 기기의 종류 : 휴대 전화, MP3, 내비게이션 등

> **잠깐**
> • PMP : 휴대용 멀티미디어 재생기
> • PDA : 휴대용 정보 단말기

더 알아두기

정보 기기의 종류와 특성

• 휴대 전화 : 가지고 다니며 전화를 걸고 받을 수 있는 소형 무선 전화기
  ➔ 화상이나 동영상을 주고 받을 수 있다.
• 디지털 카메라 : 활용한 사진을 필름이 아닌 이미지 파일 형태로 저장
  ➔ 컴퓨터로 수정이나 보완이 가능하다.
• 넷북 : 노트북 PC보다 작고 가벼운 통신 기능 중심의 PC
  ➔ 일반 노트북보다 성능이 낮지만 상대적으로 배터리 사용 시간이 길다.
• 스마트폰 : 휴대 전화와 개인 휴대 단말기를 합친 기기
  ➔ 인터넷 정보 검색, 자신이 원하는 프로그램(어플, 앱)을 골라서 설치, 실행할 수 있다.

(2) 정보 기기로 인해 편리해진 점 중요

① 통신 기술이 발달하면서 인터넷을 할 수 있게 되고, 멀리 떨어진 사람과 화상 대화를 할 수 있다.

② 직접 은행에 가지 않아도 컴퓨터나 핸드폰을 이용해 금융 업무를 처리할 수 있다.

휴대용 멀티미디어 재생 장치로 음악이나 영상의 재생, 인터넷, 문자 입력, 전자사전 등의 기능을 갖추고 있는 정보 기기는?

① LED TV   ② 휴대 전화기
③ PDA   ❹ PMP

(3) 정보 기기의 구성(디지털 카메라)

하드웨어	CPU, 메모리, 액정 화면, 셔터, 카메라 케이스
소프트웨어	사진 촬영 프로그램, 사진 관리 프로그램, 디지털 카메라와 컴퓨터 연결 프로그램

① 셔터 : 사진 찍을 대상을 확인하고 촬영한다.

② 마이크 : 동영상을 촬영할 때 소리를 입력받는다.

③ 스피커 : 촬영한 동영상을 실행할 때 소리를 들려준다.

> 잠깐
> **디지털**
> 정보 기기의 자료를 인식하는 저장 방식 중 하나로, 자료를 1과 0의 숫자를 조합하여 나타내는 방식이다.

④ CPU : 사진을 촬영하고 관리하며, 촬영한 사진을 컴퓨터로 전송하기 위한 프로그램을 실행한다.

⑤ 메모리 카드 : 촬영한 사진이나 동영상을 보관한다.

(4) 디지털 카메라의 기본 구조 및 사용 방법

① 디지털 카메라의 기본 구조

㉠ 디지털 카메라는 크게 렌즈부, 버튼부, 액정부로 구성되어 있다.

㉡ 렌즈 부분은 줌(zoom) 기능을 이용하여 광각이나 망원을 선택할 수 있다.

㉢ 버튼 부분은 셔터, 촬영 모드 선택 다이얼, 기능 선택 버튼 등이 있다.

㉣ LED창은 촬영 시 카메라의 각종 정보를 제공하거나 촬영한 사진을 즉석에서 확인할 수 있다.

ⓜ 플래시는 강제 발광, 자동, 플래시 끄기, 적목 감소 기능(어두운 곳에서 플래시를 이용한 촬영 시 눈동자가 빨갛게 나오는 현상을 감소시키는 기능) 등이 있다.

 더 알아두기

디지털 카메라의 기능

- 플래시 : 어두운 곳에서 촬영할 때 사용
- 전원 버튼 : ON/OFF
- 셔터 버튼 : 정지된 상태를 촬영
- 액정 화면 : 촬영할 때 대상을 보거나 촬영한 사진을 확인
- 촬영 모드 다이얼 : 자동과 수동 모드 등을 조정
- 줌 레버 : 촬영 대상을 확대·축소

② 사용 순서

전원 켜기 → 기능 설정 → 피사체 초점 확인 및 줌 조절 → 사진 촬영(저장) → 사진 확인 및 삭제 순서로 한다.

 더 알아두기

컴퓨터의 구성

- 컴퓨터 주변기기 : 모니터, 스캐너, 프린터, 마우스 등
- 컴퓨터 입력장치 : 키보드, 마우스, 스캐너, 터치패드, 웹캠 등
- 컴퓨터 출력장치 : 모니터, 스피커, 프린터 등

제2절 사이버 공간의 특성과 윤리

생활의 길잡이 　사이버 공간의 특성 및 윤리에 대해 알고 올바르게 실천할 수 있다.

(1) 사이버 공간의 특성

① 공간과 시간을 벗어나 다양한 사람과 만날 수 있다.

② 익명성과 더불어 감정의 표현에 대한 통제가 어려워 다른 사람들에게 상처를 주거나 정신 건강에 해로운 표현들에 그대로 노출될 수 있다.

③ 온라인상에서 예전에는 없었던 형태의 다양하고 새로운 인간관계의 형성이 이루어진다.

④ 전자 우편, 메신저, 게시판, 토론방, 채팅방 등 다양한 인터넷 서비스가 제공되어 때와 장소에 제약 받지 않는 의사소통이 이루어진다.

⑤ 수많은 정보가 있으며, 정보의 생산과 공급이 동시에 이루어진다.

>
> 사이버 공간도 현실 공간과 마찬가지로 많은 사람들이 함께 생활하는 공간이다. 따라서 서로를 존중하는 마음가짐을 지녀야 한다.

사이버 공간에서 할 수 있는 것으로 알맞지 않은 것은?

① 사이버 학습 　❷ 직접 요리하기
③ 음악 듣기 　④ 인터넷 뱅킹

사이버 커뮤니티의 종류

• **카 페**
　사이버 카페를 일컫는 말로, 웹에서 취미나 관심거리가 같은 사람들이 모여 서로의 자료를 공유하고 정보를 주고받는 커뮤니티이다.

• **블로그**
　1인 미디어가 가능한 서비스로, 자신만의 일상이나 시사적인 글, 사회적 이슈 등을 다룬 개인 운영 형태의 일기장이다.

- **위 키**

  온라인 백과사전으로도 불리며, 네티즌들이 직접 용어에 대한 정의를 내리고, 그 정의를 자유롭게 수정 및 편집할 수 있는 협력 사이버 공간으로 활용된다.

- **미니 홈페이지**

  홈페이지의 축소판으로, 국내에서는 싸이월드 등에서 제공하여 가족이나 개인의 홈페이지 역할을 하고 있다.

(2) 사이버 공간의 윤리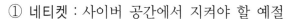

① 네티켓 : 사이버 공간에서 지켜야 할 예절

　㉠ 예의에 어긋나는 행동은 하지 않는다.

　㉡ 바이러스 유포나 해킹 등을 하지 않는다.

　㉢ 저속한 은어나 비어 등을 사용하지 않는다.

　㉣ 다른 사용자의 ID나 이름을 이용하지 않는다.

　㉤ 상대방의 이름에 '님'이라는 호칭을 사용한다.

　㉥ 대화방에 참여하거나 퇴장할 때에는 인사를 한다.

② 인터넷 예절

　㉠ 사이버 공간에서 다른 사람의 저작물을 함부로 사용하지 않는다.

　㉡ 욕설이나 남을 비방하는 글을 사용하지 않는다.

다음 중 인터넷중독의 현상으로 알맞지 않은 것은?

❶ 성적 향상　② 시력 저하
③ 수면 부족　④ 운동 부족

 더 알아두기

1. **인터넷중독** : 인터넷 사용 시간이 많아지면서 일상생활에 지장을 받고, 생활에 나쁜 영향을 주더라도 인지하지 못함

2. **인터넷중독의 예방법**
   - 여행과 같은 취미 활동을 한다.
   - 시간을 정해놓고 컴퓨터를 한다.
   - 가정에서는 가족이 모두 이용할 수 있도록 컴퓨터를 거실에 둔다.

(3) 저작권

① 저작물 : 사람의 생각이나 감정이 독창적으로 표현되어 있는 창작물

② 저작권 : 시, 소설, 책, 음악, 미술, 영화, 연극, 컴퓨터 프로그램 등의 저작물을 창작한 사람이 가지는 권리

저작권 침해 사례

• 최신 가요의 MP3 파일을 공유 사이트에서 내려받기한 경우
• 현재 극장에서 상영 중인 영화의 동영상 파일을 친구에게 복사해 준 경우
• 인기 있는 만화책을 스캔하여 누리집에 올린 경우
• 출처를 밝히지 않고 다른 사람이 쓴 글이나 그림을 복사하여 블로그 또는 카페에 게시한 경우

(4) 개인 정보 보호

① 개인 정보 : 개인의 이름, 주민 등록 번호, 전화번호 등의 여러 가지 정보

② 개인 정보 유출 피해를 예방할 수 있는 방법

㉠ 전화번호나 생일 등 다른 사람이 쉽게 알 수 있는 정보를 이용하여 비밀번호를 만들지 않는다.

㉡ 비밀번호는 문자와 숫자를 조합하여 만들고, 주기적으로 바꾸어 준다.

㉢ 스팸 메일은 관리자에게 신고한다.

㉣ 바이러스나 해킹이 의심스러운 전자 우편은 열어 보지 않는다.

(5) 올바른 언어 사용

① 현실에서와 같이 상대방을 존중하는 언어를 사용한다.

② 욕설이 포함된 아이디나 별칭을 사용하지 않는다.

콕! 찍어주는 핵심정리

01 정보 기기의 종류와 특성

① **정보 기기** : 여러 가지 정보를 처리하거나 관리해 주는 장치

② 정보 기기의 종류 : 휴대 전화, MP3, 내비게이션 등

02 실제와 비슷하게 꾸며진 컴퓨터와 인터넷의 가상 공간을 **사이버 공간**이라고 한다.

03 자신도 모르게 인터넷 사용 시간이 많아져 일상생활에 지장을 받고, 생활에 안 좋은 영향을 주더라도 인지하지 못하는 상태를 **인터넷중독**이라고 한다.

🌸 **인터넷중독의 문제점**
- 건강이 나빠지거나 성적이 떨어진다.
- 학교생활을 소홀히 하게 되거나 주변 사람들과 관계가 나빠진다.

04 사이버 공간에서 지켜야 할 예절을 **네티켓**이라고 한다.

① 예의에 어긋나는 행동은 하지 않는다.

② 바이러스 유포나 해킹 등을 하지 않는다.

③ 저속한 은어나 비어 등을 사용하지 않는다.

④ 다른 사용자의 ID나 이름을 이용하지 않는다.

⑤ 상대방의 이름에 '님'이라는 호칭을 사용한다.

⑥ 대화방에 참여하거나 퇴장할 때에는 인사를 한다.

05 시, 소설, 책, 음악, 미술, 영화, 연극, 컴퓨터 프로그램 등의 저작물을 창작한 사람이 가지는 권리를 **저작권**이라고 한다.

제7장 정보 기기와 사이버 공간

실력 탄탄
단원 마무리 문제

01 다음 설명에 해당하는 정보 기기는?

> 필름 없이 전자 센서를 이용하여 사진을 찍고, 사진을 이미지 파일 형식이나 동영상 파일 형식으로 저장하는 기기이다.

① LED TV
③ 디지털 카메라

② 스피커
④ PDA

해설
디지털 카메라 : 활용한 사진을 필름이 아닌 이미지 파일 형태로 저장 → 컴퓨터로 수정이나 보완이 가능하다.

02 정보 기기로 인해 우리 생활이 편리해진 점으로 틀린 것은?

① 은행에 직접 가지 않고 금융 업무를 처리한다.
② 멀리 떨어진 사람들과 화상 대화를 할 수 있다.
③ 인터넷을 통해 이메일을 주고받을 수 있다.
④ 개인 정보가 노출된다.

해설
개인 정보의 노출은 정보 기기 생활로 인해 생기는 단점이다.

03 다음 중 사이버 공간의 부정적 영향은?

① 해킹으로 피해를 보는 경우가 있다.

② 시간과 장소의 제약 없이 자료 조사를 할 수 있다.

③ 음악을 감상할 수 있다.

④ 영화를 볼 수 있다.

04 사이버 공간에서 지켜야 하는 예절로 맞는 것은?

① 나와 다른 의견이 있을 때는 무시한다.

② 서로 예의를 지키고 상대방을 존중한다.

③ 상대방을 비방한다.

④ 유행하는 은어나 비속어를 사용한다.

네티켓
- 예의에 어긋나는 행동은 하지 않는다.
- 바이러스 유포나 해킹 등을 하지 않는다.
- 저속한 은어나 비어 등을 사용하지 않는다.
- 다른 사용자의 ID나 이름을 이용하지 않는다.
- 상대방의 이름에 '님'이라는 호칭을 사용한다.
- 대화방에 참여하거나 퇴장할 때에는 인사를 한다.

05 개인 정보를 보호하기 위한 방법으로 알맞은 것은?

① 웹 사이트의 약관은 너무 길기 때문에 읽지 않는다.

② 개인 정보가 유출되면 사이버 수사대에 신고한다.

③ 처음 설정한 아이디와 비밀번호는 바꾸지 않는다.

④ 개인 정보를 모든 사람들에게 알려 준다.

06 정보 기기를 사용할 때 조심해야 할 점으로 알맞지 <u>않은</u> 것은?

① 정보 기기를 사용할 때 중독에 빠지지 않도록 한다.

② 상대방을 배려하는 자세로 사용한다.

③ 전철이나 버스 안에서는 모두가 잘 들을 수 있도록 큰소리를 내며 사용한다.

④ 때와 장소에 알맞은 예절을 지켜야 한다.

07 다음 설명에 해당하는 정보 기기는?

> 휴대용 정보 단말기로 개인 정보를 관리하거나, 컴퓨터와 정보를 주고 받을 수 있는 일종의 휴대용 컴퓨터는 (   )이다.

① PDA   ② 디지털 카메라

③ PMP   ④ 휴대 전화기

• PMP : 휴대용 멀티미디어 재생기
• PDA : 휴대용 정보 단말기

08 게임 중독을 예방하는 방법은?

① 매일 게임에 몰입한다.   ② 밀폐된 공간에서 사용한다.

③ 목적 없이 컴퓨터를 사용한다.   ④ 시간을 정하여 컴퓨터를 사용한다.

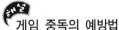
게임 중독의 예방법
• 여행과 같은 건전한 취미활동을 한다.
• 시간을 정해서 컴퓨터를 사용한다.
• 가정에서는 가족이 모두 이용할 수 있도록 개방된 장소인 거실에 컴퓨터를 둔다.

chapter

08

간단한 음식 만들기

세상의 어떤 것도 그대의 정직과 성실 만큼 그대를 돕는 것은 없다.

– 벤자민 프랭클린

술술 풀리는
초등 **실과**

간단한 음식 만들기

 제1절 건강한 먹을거리의 마련

생활의 길잡이   신선하고 안전한 먹을거리를 선택해야 하는 이유를 알아보고 식품을 올바르게 선택·구매·보관하는 안전한 식생활을 실천한다.

(1) 먹을거리 선택성의 중요성

① 안전하고 깨끗한 식품을 선택하는 것이 중요한 이유

    ㉠ 최근 식생활 환경의 변화로 식품 대량 생산 방식, 지구 환경오염 등으로 몸에 해로운 물질이 포함된 음식이 많다.

    ㉡ 영양을 생각한 먹을거리를 선택하여 건강을 지키고 바르게 성장할 수 있다.

    ㉢ 비위생적인 음식과 불량식품으로 인한 질병을 예방할 수 있다.

    ㉣ 식품의 종류가 늘어났다.

    ㉤ 패스트푸드 섭취나 외식 횟수가 증가했다.

식품 구입 시 고려할 사항이 아닌 것은?
① 가격이 적절한가
② 포장이 아름다운가
③ 영양가가 풍부한가
④ 신선한가

1. 부정·불량 식품
   식품위생법에 따른 영업 허가(신고)를 받지 않고 부정한 방법으로 생산된 식품 또는 식품의 기준 및 규격에 맞지 않거나 비위생적으로 생산된 식품

2. 부정·불량 식품의 종류
   - 상한 식품
   - 유통기한 변조 식품
   - 아무 표시가 없는 무표시, 무신고 식품
   - 기타 불결한 식품

② 먹을거리를 선택할 때 고려해야 할 것들

    ㉠ 가공식품보다는 신선한 자연식품을 고른다.

    ㉡ 가공식품은 포장 상태, 보관 상태가 좋고 유통 기한이 많이 남은 것을 고른다.

    ㉢ 화학 약품이 사용되지 않은 것을 고른다.

    ㉣ 신선한가 살펴보고 고른다.

    ㉤ 위생적이고 안전한 식품을 고른다.

    ㉥ 영양가가 풍부한 식품을 고른다.

(2) 좋은 먹을거리의 선택

좋은 먹을거리 선택 시 고려할 점
영양과 건강, 안전과 위생, 기호도

① 영양 표시

    ㉠ 표시 성분

        기본적으로 열량, 탄수화물, 단백질, 지방, 나트륨이 표시된다.

    ㉡ 1회 제공량 : 영양소 함량을 표시하는 기본 중량

② 신선하고 안전한 식품 고르기

종 류	고려할 점	
가공 식품	• 내용물 종류, 첨가물 확인 • 원산지 확인	• 제조일자, 유통 기한 확인 • 보관 장소 위생 상태 확인
과일 채소	• 시들지 않은 것을 선택한다. • 빛깔이 선명하고 향기가 좋은 것	• 조직이 단단한 것 • 제철 식품

생선	눈이 불거지고 맑으며 탄력이 있고 껍질이 광택이 나며 비늘이 빠지지 않은 것, 아가미는 깨끗한 붉은 빛
냉동 냉장	• 판매 저장고 온도가 냉동인지 확인 • 포장지 파손 여부 확인 • 포장 안쪽에 성에가 끼지 않은 것 구입
육류	• 숙성이 잘된 것 고르기 • 쇠고기 : 선명한 붉은색, 육즙이 나와 있지 않은 것 • 돼지고기 : 윤이 나는 선명한 분홍색 • 닭고기 : 엷은 분홍색

더 알아두기

품질 인증 표시

1. 농산물 인증 표시

• 우수 농산물 인증 표시 : 농산물의 안전성을 확보하기 위하여 농산물의 생산 단계부터 포장 단계까지 토양, 수질 등의 농업 환경 및 농약, 중금속 또는 유해 생물 등의 위해 요소를 관리하는 기준이다.

• 친환경 농산물의 표시 : 비료나 농약을 뿌린 정도에 따라 유기 농산물, 무농약 농산물, 저농약 농산물로 나뉜다.

2. HACCP : 식품의 안전성을 확보하기 위한 과학적인 위생 관리 체계를 갖추고 식품을 생산했을 때 이를 인정하는 표시

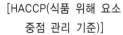

[HACCP(식품 위해 요소 중점 관리 기준)]   [어린이 기호 식품 품질 인증]   [친환경 농산물 인증]   [한국 전통 식품 인증]

(3) 선택한 먹을거리의 올바른 보관

① 먹을거리를 보관할 때 고려할 점

    ㉠ 청결한 장소에 보관해야 한다.

    ㉡ 각각의 식품 특성에 맞추어 보관해야 한다.

    ㉢ 보관 온도에 알맞게 보관해야 한다.

② 먹을거리의 종류에 따른 보관 방법

    ㉠ 상온 보관하는 식품

        • 가공 식품(빵, 과자, 라면 등)

        • 건조 식품

        • 개봉 전 통조림과 병조림

        • 과일 중 바나나(냉장 보관 시 : 냉해 입음)

    ㉡ 냉장 보관하는 식품

        • 채소 및 과일류 : 습도를 높게 유지하면서 냉장 보관한다.

        • 우유 및 유제품 : 구매 후 냉장 보관하되, 냄새를 잘 흡수하므로 만드시 밀봉한다.

        • 육류 : 구매 후 밀봉하여 48시간 이내에 사용할 것은 냉장 보관하고, 나중에 사용할 것은 냉동 보관한다.

        • 생선류 : 냄새가 다른 식품에 배일 수 있으므로, 밀봉하여 보관한다.

    ㉢ 냉동 보관하는 식품 : 냉동제품, 오랫동안 보관할 육류 및 생선류

> **바로 확인**
>
> 냉장고에 보관하는 식품 중 다음과 같은 특징이 있는 것은?
>
> > 냄새가 다른 식품에 배지 않도록 별도로 밀봉하여 냉장 또는 냉동 보관한다.
>
> ① 과일류   ② 채소류
> ❸ 생선류   ④ 우유 및 유제품
>
> ----
>
> ☙ • 채소 및 과일류 : 습도를 높게 유지하면서 냉장 보관한다.
>   • 우유 및 유제품 : 구매 후 냉장 보관하되, 냄새를 잘 흡수하므로 반드시 밀봉한다.

제2절 음식 만들기

밥과 빵 등을 이용한 한 그릇 음식을 만들고 식사 예절을 갖추어 식사한 후 남은 음식과 그릇을 정리한다.

(1) 밥과 빵 등을 이용한 한 그릇 음식 만들기

① 음식을 만드는 과정

> 음식 계획하기
>
>
>
> 개인위생 준비(복장 준비, 손 씻기) 및 조리 도구 준비
>
>
>
> 음식 재료 준비(씻기, 다듬기, 썰기)
>
>
>
> 조리하기(끓이기, 볶기, 튀기기, 삶기)
>
>
>
> 상 차리기
>
>
>
> 식사하기(식사 예절 지키기)
>
>
>
> 뒷정리하기(설거지, 그릇 정리, 음식물 쓰레기 분류 배출, 조리 도구 소독, 행주 삶기 등)

② 한 그릇 음식

  ㉠ 한 그릇 음식의 특징
    • 주식과 부식이 한 그릇에 담겨 있다.
    • 영양적으로 완전한 한 끼 식사이다.

> **바로 확인**
>
> (   ) 음식은 여러 가지 식품을 한 그릇에 담아 간편하게 먹을 수 있으며 다양한 영양소를 섭취할 수 있는 음식이다.
>
> 릇그 한 : 답정

- 여러 가지 음식을 각기 장만하여 나열하는 것보다 마련하기 간편하다.
- 식품의 재료가 다양하므로 맛과 영양상으로 우수하다.
- 한 그릇 음식에는 밥류, 빵류 등이 있다.

| [주먹밥] | [샌드위치] | [볶음밥] | [햄버거] |

[한 그릇 음식]

 ⓛ 밥을 이용한 그릇 음식의 종류

- 밥 : 쌀, 조, 보리 등의 곡류로 만든 것으로 우리의 주식이며, 쌀로만 짓는 흰밥, 잡곡을 섞어 짓는 잡곡밥 등이 있다.
- 밥을 이용한 한 그릇 음식 : 김밥, 볶음밥, 카레밥, 오므라이스, 콩나물밥, 비빔밥, 덮밥 등

 ⓒ 빵을 이용한 그릇 음식의 종류

- 빵 : 밀가루가 주재료이며, 버터, 초콜릿, 설탕과 여러 가지 향신료 등을 섞어 만든 음식이다.
- 빵을 이용한 한 그릇 음식 : 샌드위치, 프렌치토스트, 식빵 피자, 햄버거, 피자 등

이것만은 꼬~옥

마요네즈
음식을 만드는 재료로, 기름과 달걀로 만들어 맛이 고소하고 샐러드에도 사용된다.

③ 한식 식사 예절

 ㉠ 어른이 먼저 수저를 드신 다음에 식사를 시작한다.

 ⓛ 식사를 할 때 순가락과 젓가락을 동시에 들지 않는다.

 ⓒ 입 속에 음식이 있을 때 소리 없이 씹어야 하며, 입 속에 음식을 넣은 채 말을 하지 않는다.

ㄹ 식사 중 기침이나 재채기가 나면 얼굴을 돌리고 손이나 손수건으로 입을 가린다.

  ㅁ 식사 중에 책, 신문 등을 보지 않는다.

  ㅂ 식사가 끝나면 수저는 오른쪽에 가지런히 놓는다.

④ 서양식 식사 예절

  ㄱ 의자를 당겨 식탁과의 거리를 가까이 하고 바른 자세로 앉는다.

  ㄴ 나이프와 포크는 좌우 바깥쪽에 놓인 것부터 사용하며, 용도가 다른 포크와 나이프, 스푼을 섞어 쓰지 않도록 주의한다.

  ㄷ 수프는 소리나지 않게 먹는다.

  ㄹ 빵은 손으로 한 입에 먹을 수 있는 정도의 크기로 떼어 버터나 잼을 발라 먹는다.

  ㅁ 대화를 할 경우에는 나이프와 포크를 팔(八)자 모양으로 접시에 놓고, 먹고 난 후에는 나이프와 포크를 접시 위에 가지런히 걸쳐 놓는다.

(2) 우리나라의 음식 문화

① 우리나라 전통 음식의 특징

  ㄱ 사계절이 뚜렷하여 적당한 일조량과 강우량으로 벼농사가 주로 이루어진다.

  ㄴ 쌀, 보리, 콩 등 곡물을 주식으로 먹고, 부식으로는 김치, 장류, 채소류, 해조류, 생선 등을 먹는다.

  ㄷ 국물이 있는 국이나 찌개를 자주 먹는다.

  ㄹ 반찬은 구이, 전, 볶음, 조림, 편육, 생채, 나물, 찜, 전골 등이 있다.

이것만은 꼬~옥

대표적인 명절 절기와 전통 음식

절 기	음 식
설날	만두, 떡국, 식혜 등
대보름날	묵은나물, 부럼, 귀밝이술, 오곡밥 등
단오	수리취떡, 제호탕 등
추석	송편, 토란국 등
동짓날	팥죽, 동치미, 경단 등

  ㅁ 간장, 파, 마늘, 깨소금, 참기름, 후춧가루, 고춧가루 등 갖은 양념을 사용한다.

  ㅂ 삼면이 바다로 둘러싸여 있어 어패류 섭취가 많다.

  ㅅ 젓갈이나 김치, 간장, 된장 등 소금을 이용한 저장, 발효 식품이 발달하였다.

| [김 치] | [된 장] | [비빔밥] |

② 우리나라 전통 음식의 우수성

　　㉠ 밥과 잡곡은 열량이 낮으며 탄수화물, 단백질, 지방뿐 아니라 비타민, 섬유질이 풍부하다.

　　㉡ 몸에 유익한 곡식이나 채소를 많이 먹는다.

　　㉢ 밥과 여러 가지 반찬을 함께 먹기 때문에 영양소를 고르게 섭취할 수 있으며, 균형 잡힌 식단이 될 수 있다.

　　㉣ 포화 지방의 섭취 및 동물성 단백질 섭취가 낮아 암, 고혈압 등 생활 습관병으로 인한 사망률이 낮다.

③ 향토음식 : 그 지방에서 생산되는 식료품으로 그 지방 특유의 방법으로 만드는 요리

　　㉠ 서울 지역 : 구절판, 신선로

　　㉡ 경기 지역 : 수수부꾸미, 오미자 화채

　　㉢ 충청도 : 올갱이 국

　　㉣ 강원도 : 명태식해, 오징어순대

　　㉤ 경상도 : 재첩국

　　㉥ 제주도 : 옥돔구이

④ 남은 음식의 처리 방법

　　㉠ 남은 음식은 빨리 식도록 얇은 용기에 나누어 보관한다.

　　㉡ 남은 음식을 취급하기 전 손을 씻고 깨끗한 접시나 기구에 보관한다.

　　㉢ 오래되었거나 상한 것 같은 음식은 버린다.

　　㉣ 다시 먹을 때는 75℃ 이상에서 충분히 가열한다.

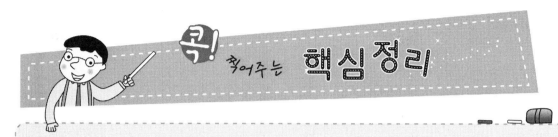

01 식품을 선택할 때 고려해야 할 점

① 신선한가?

② 경제적인가?

③ 영양가가 풍부한가?

④ 위생적으로 안전한가?

⑤ 보관이 잘되어 있는가?

02 품질 인증 표시

① 농산물 인증 표시 : 우수 농산물 인증표시, 친환경 농산물 표시

② HACCP : 식품의 안전성을 확보하기 위한 과학적인 위생 관리 체계를 갖추고 식품을 생산했을 때 이를 인정하는 표시

03 영양 표시

식품에 어떤 영양소가 얼마나 들어 있는지를 포장지에 표시한 것을 말한다.

① 표시 성분 : 기본적으로 열량, 탄수화물, 단백질, 지방, 나트륨이 표시됨

② 1회 제공량 : 영양소 함량을 표시하는 기본 중량

04 식품 구매할 때 유의할 점

① 냉동이나 냉장이 필요한 식품(육류, 어패류, 유제품)은 가장 나중에 구매하고, 구매 후 가능하면 빨리 집으로 돌아온다.

② 냉장 및 냉동 상태의 재료가 가정의 냉장고나 조리 상태까지 도달하는 시간을 최대한 줄여야 식중독을 예방할 수 있다.

05 식품을 보관할 때 고려해야 할 점

① 식품 특성에 맞게 보관해야 한다.

② 보관온도에 맞게 보관해야 한다.

③ 청결한 장소에 보관해야 한다.

06 음식 만들기

① 한 그릇 음식 : 주식과 부식에 해당하는 음식을 한 그릇에 조화 있게 담아 한 끼의 식사로 만든 요리(예 비빔밥, 볶음밥, 카레라이스, 쌀국수 등)

② 올바른 식사예절

• 음식이 입 안에 있을 때는 말하지 않는다.

• 음식을 남기지 않고 먹는다.

• 먹을 만큼의 양만 덜어서 먹는다.

환경을 생각하는 설거지와 뒷정리 방법

• 기름기가 있는 그릇은 먼저 휴지로 기름을 닦아 낸다. 이렇게 하면 세제 사용량도 줄일 수 있고, 기름기가 하수구로 흘러 나가는 것을 막아 수질 오염을 줄일 수 있다.

• 세제를 조금만 묻혀 그릇을 닦은 후 세제가 남지 않도록 물로 깨끗이 헹군다. 물을 적게 사용하려면 설거지통에 물을 받아 사용한다.

• 한 번 사용하고 난 기름은 음식 찌꺼기를 걸러 낸 다음 불투명한 용기에 담아 서늘한 장소에 모아 두었다가 비누를 만들어 재활용한다.

실력 탄탄
단원 마무리 문제

01 다음 중 건강한 먹을거리에 대한 설명으로 알맞지 <u>않은</u> 것은?

① 싱싱하고 흠이 없는 것을 고른다.

② 가공식품보다는 신선한 자연식품을 고른다.

③ 농약이나 항생제 등을 많이 사용한 식품을 고른다.

④ 정부나 공인 기관에서 품질을 보증하여 부여한 품질 인증 표시가 있는 것을 고른다.

먹을거리를 선택할 때 고려해야 할 것들
- 가공식품보다는 신선한 자연식품을 고른다.
- 가공식품은 포장 상태, 보관 상태가 좋고 유통 기한이 많이 남은 것을 고른다.
- 화학 약품이 사용되지 않은 것을 고른다.
- 신선한가 살펴보고 고른다.
- 위생적이고 안전한 식품을 고른다.
- 영양가가 풍부한 식품을 고른다.

02 다음 빈칸에 들어갈 말로 알맞은 것은?

식품의 유통 경로 중 한 단계로, 식품을 적절히 가공한 후 판매하는 곳으로 이동하는 것을 (   )(이)라고 한다.

① 가공

② 생산

③ 조리

④ 유통

유통이란 생산자(식품)에서 소비자(시장)까지 식품이 이동되는 것이다.

03 신선한 식품에 대한 설명으로 알맞지 <u>않은</u> 것은?

① 고구마 – 색이 진하고 잔털이 적다.

② 감자 – 무르고 싹이 나고 푸른색을 띤다.

③ 과일류 – 상처가 없고 익은 정도가 알맞다.

④ 고기류 – 색상이 선명하고 윤기가 있으며 불쾌한 냄새가 없다.

감자를 고를 때 알맞은 방법
- 껍질이 얇고 뽀얀 것을 택한다.
- 표면이 거친 것은 피한다.
- 싹이 난 것은 좋지 않다.
- 푸른 반점이나 검은 점이 있는 감자는 좋지 않다.

04 다음 중 실온에 보관하는 식품은?

① 고기류   ② 우유 및 유제품

③ 생선류   ④ 가공식품

 고기류, 우유 및 유제품, 생선류 등은 냉장 또는 냉동보관 해야 한다.

05 다음 중 한 그릇 음식이 <u>아닌</u> 것은?

① 카레라이스   ② 볶음밥

③ 주먹밥   ④ 배추김치

한 그릇 음식이란 주식과 부식에 해당하는 음식을 한 그릇에 조화 있게 담아 한 끼의 식사로 만든 요리이다.

06 김밥을 만드는 과정을 설명한 것으로 알맞지 <u>않은</u> 것은?

① 달걀을 곱게 풀어 소금을 넣고 지단을 부친 다음 길게 썬다.

② 오이와 당근은 적당한 두께로 길게 썰어 소금을 넣고 볶는다.

③ 햄은 적당한 두께로 썰어 끓는 물에 살짝 데친 다음 볶는다.

④ 참기름과 소금을 넣어 비빈 밥은 가능한 많이 펴 놓은 후 재료들을 올려 놓고 만든다.

참기름과 소금을 넣어 비빈 밥은 적당량을 펴 놓은 후 재료들을 올려 놓고 만든다.

07 다음 중 식사 예절에 어긋나는 행동은?

① 입안의 음식을 다 먹은 다음 말한다.

② 좋아하는 음식을 자기 앞으로 옮겨서 먹는다.

③ 식사 중에는 휴대 전화기, 신문, 책 등을 읽지 않는다.

④ 어른이 먼저 식사를 시작한 다음 먹기 시작한다.

식사 예절

- 어른이 먼저 수저를 드신 다음에 식사를 시작한다.
- 식사를 할 때 숟가락과 젓가락을 동시에 들지 않는다.
- 입 속에 음식이 있을 때 소리 없이 씹어야 하며, 입 속에 음식을 넣은 채 말을 하지 않는다.
- 식사 중 기침이나 재채기가 나면 얼굴을 돌리고 손이나 손수건으로 입을 가린다.
- 식사 중에 책, 신문 등을 보지 않는다.
- 식사가 끝나면 수저는 오른쪽에 가지런히 놓는다.

08 우리나라의 전통 음식으로 알맞지 <u>않은</u> 것은?

① 된장   ② 김치

③ 카레라이스   ④ 비빔밥

카레라이스는 인도의 전통 음식이다.

09 남은 음식 처리 방법으로 알맞지 <u>않은</u> 것은?

① 깨끗한 접시나 기구에 보관한다.

② 남은 음식은 상온에서 오랫동안 보관한다.

③ 다시 먹을 때에는 75℃ 이상에서 충분히 가열한다.

④ 공기가 들어가지 않도록 잘 밀봉하여 냉장고에 보관한다.

해설 남은 음식의 처리 방법
• 남은 음식은 빨리 식도록 얕은 용기에 나누어 보관한다.
• 남은 음식을 취급하기 전 손을 씻고 깨끗한 접시나 기구에 보관한다.
• 오래되었거나 상한 것 같은 음식은 버린다.
• 다시 먹을 때는 75℃ 이상에서 충분히 가열한다.

10 우리나라 전통 음식의 특징을 설명한 것으로 옳지 <u>않은</u> 것은?

① 오징어, 고구마 등을 이용한 튀긴 음식이 주로 발달했다.

② 국이나 찌개처럼 국물이 있는 음식을 자주 먹는다.

③ 곡류를 주식으로 한다.

④ 김치, 된장 등 발효 식품이 발달했다.

해설
우리나라의 전통 음식은 튀긴 음식보다는 찌거나 삶는 조리법이 발달했다.

간단한 생활용품 만들기

제1절 손바느질로 용품 만들기

제2절 바느질 도구를 이용한 용품 만들기

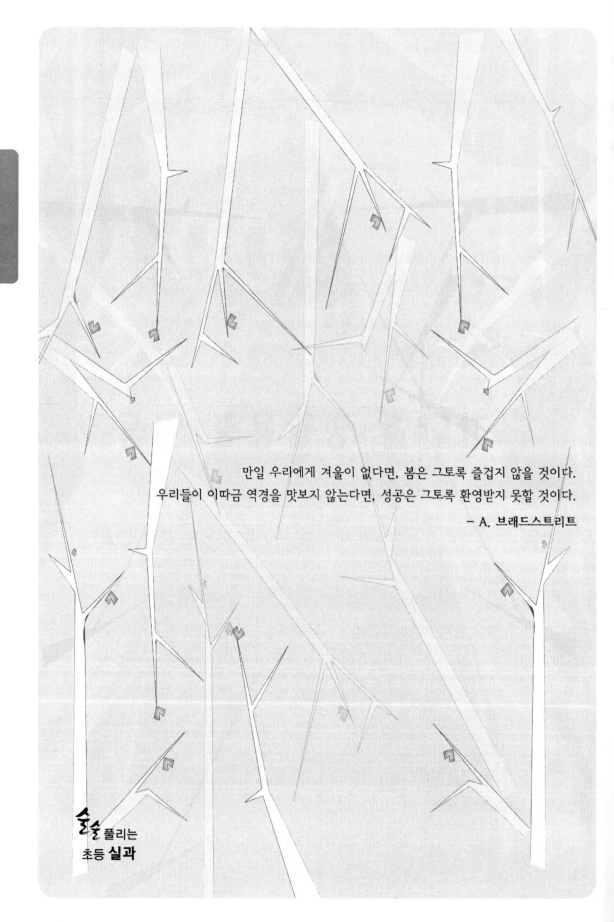

만일 우리에게 겨울이 없다면, 봄은 그토록 즐겁지 않을 것이다.
우리들이 이따금 역경을 맛보지 않는다면, 성공은 그토록 환영받지 못할 것이다.
― A. 브래드스트리트

간단한 생활용품 만들기

제1절 손바느질로 용품 만들기

생활의 길잡이 손바느질을 하여 주머니, 덧소매 등 나의 생활에 필요한 용품을 만들어 본다.

(1) 손바느질의 이용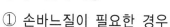

① 손바느질이 필요한 경우

ㄱ 옷을 수선할 때

ㄴ 의복이나 용품의 바느질 솔기를 꿰맬 때

ㄷ 생활에 필요한 용품을 만들 때

ㄹ 장식품을 달거나 단추를 달 때

② 손바느질로 만든 용품의 종류

ㄱ 정리용품 : 가방, 보조 가방, 신 주머니, 소품용 주머니, 수저 주머니, 휴지 주머니, 필통, 편지꽂이 등

ㄴ 생활용품 : 화장지 상자 덮개, 쿠션, 테이블 매트, 프린터 덮개, 이불, 카펫, 덧소매, 앞치마, 주방용 장갑 등

ㄷ 장식용품 : 인형, 벽걸이 등

손바느질의 쓰임새에 대한 설명으로 옳지 않은 것은?

① 옷을 수선할 때 쓰인다.

② 단추나 장식품을 달 때 쓰인다.

③ 바느질 선의 솔기가 뜯어졌을 때 쓰인다.

❹ 집 안에 가전제품이나 가구 등이 고장났을 때 쓰인다.

．．．．．．．．．．．．．．．．．．．．．

손바느질이 필요한 경우

- 옷을 수선할 때
- 의복이나 용품의 바느질 솔기를 꿰맬 때
- 생활에 필요한 용품을 만들 때
- 장식품을 달거나 단추를 달 때

손바느질에 사용되는 천의 종류

1. 원료에 따른 분류
- 천연 섬유 : 마, 양털, 목화솜, 누에고치 등
- 인조 섬유 : 석유, 석탄, 펄프 등

2. 방법에 따른 분류
- 직물 : 섬유를 꼬아 실을 만든 후 씨실과 날실을 직각으로 교차시켜 만듦
- 부직포 : 섬유에 열 또는 접착제를 가한 다음 눌러서 만듦

③ 손바느질 용구의 종류와 쓰임새

용 구	모 양	쓰임새	유의할 점
바 늘		옷감을 꿰맬 때 바늘 귀에 실을 꿰어서 사용한다.	사용할 실의 굵기와 옷감의 두께에 따라 알맞은 것을 쓰고 난 뒤에는 개수를 확인하여 바늘꽂이에 꽂아둔다.
바늘꽂이		바늘이나 시침핀을 꽂아 안전하게 보관하는 데 쓰인다.	바늘이 잘 드나들고 녹슬지 않을 재료로 만든 것을 고른다.
시 침 핀		헝겊을 어긋나지 않게 고정시키는 데 쓰인다.	매끈하고 끝이 뾰족하며 구슬이 작은 것을 고른다.
골 무		바느질할 때에 바늘을 밀어 주는 역할을 하며 손끝이 상하지 않도록 보호하는 데 쓰인다.	집게 손가락에 끼워 보아 잘 맞는 것을 고른다.
가 위		옷감이나 실, 종이를 자를 때에 쓰인다.	끝이 뾰족하고 날이 날카로우므로 조심해서 사용하고, 쓴 다음에는 날을 꼭 다물려 가위집에 넣어둔다.

실		옷감을 꿰매거나 단추를 달 때에 쓰인다.	옷감의 두께와 바늘의 굵기에 알맞은 것을 골라 쓴다.
자		선을 긋거나 물건의 길이를 잴 때에 쓰인다.	눈금이 정확하고 곧은 것을 쓴다.
줄 자		물건의 둘레 치수나 곡선 치수를 잴 때에 쓰인다.	눈금이 정확하고 당겨도 늘어나지 않는 것을 사용하되, 치수를 잴 때에는 자가 꼬이지 않도록 한다.
초 크		옷감에 마름질선이나 바느질 선을 긋는 데 쓰인다.	옷감의 색깔과 다른 것을 고른다.

(2) 손바느질로 용품 만들기

① 작업 순서

㉠ 구상하기 : 만들고 싶은 용품의 종류, 모양, 색깔, 크기 등을 생각한다.

㉡ 마름질하기 : 만들고 싶은 용품의 크기에 여유분을 더한 치수의 펼친 그림을 그리고 초크로 자르는 선, 바느질선, 접는 선을 그린 후 잘라 낸다.

㉢ 바느질하기 : 시침질을 한 후에 여러 가지 색깔의 실로 선을 따라 홈질, 박음질 등을 한다.

㉣ 정리하기 : 바느질에 사용했던 재료나 용구들을 제자리에 정리한다.

> 바로 확인
>
> 손바느질을 할 때 천이 움직이지 않도록 고정시키는 용구는 어느 것인가 ?
>
> ① 초크 ② 골무
> ❸ 시침 핀 ④ 실패

> 잠깐
>
> • 시침질 : 두 장의 천이 밀리는 것을 방지하기 위하여 임시로 하는 바느질
> • 홈질 : 손바느질의 기본이 되는 바느질로, 두 장의 천을 포개어 바늘땀을 위아래로 드문드문 호는 바느질
> • 박음질 : 옷감과 옷감을 겹쳐서 잇는데 사용하는 기본 바느질로, 바느질 자국이 재봉틀 바느질처럼 반듯하게 직선으로 나가는 바느질

② 손바느질로 주머니 만들기

ㄱ 입지 않는 헌 옷을 재사용하여 여러 가지 주머니를 만들어 본다.

ㄴ 폭이 넓은 치마나 셔츠 등을 재사용하며 주머니에 넣을 물건 중 가장 긴 것보다 여유 있는 크기로 만든다.

ㄷ 도구 주머니, 급식 주머니 등을 만들 수 있다.

③ 손바느질로 덧소매 만들기

ㄱ 덧소매는 그림을 그리거나 작업을 할 때 옷이 더러워지거나 찢어지는 것을 방지하기 위하여 사용된다.

ㄴ 덧소매 재료로는 합성 섬유나 면직물 모두 좋지만 바느질이 쉬운 면직물을 선택하는 것이 더 좋다.

제2절 바느질 도구를 이용한 용품 만들기

생활의 길잡이 대바늘, 코바늘, 수예 바늘, 재봉틀 등 다양한 바느질 도구를 이용하여 생활에 필요한 창의적인 용품을 만들어 본다.

(1) 바느질 도구를 이용하여 만든 용품

대바늘로 만든 용품		코바늘로 만든 용품	
십자수 바늘로 만든 용품		재봉틀로 만든 용품	

(2) 대바늘을 이용하여 목도리 만들기

① 대바늘뜨기는 털실과 두 개 이상의 대바늘로 코를 만들어 뜨는 것이다.

② 대바늘뜨기를 시작할 때에는 만들려는 용품의 크기만큼 대바늘로 코를 만든 후 겉뜨기와 안뜨기를 응용하여 뜬다.

③ 코바늘 만들기

　㉠ 코를 만들 때에는 바늘 두 개를 이용해야 시작 단이 당기는 것을 막을 수 있다.

　㉡ 원하는 코를 만들고 나서는 대바늘 한 개를 빼서 뜨기 시작한다.

> **바로 확인**
>
> (　　)는 갈고리 모양의 바늘로 실을 고리로 엮어 가며 만드는 바느질 방법으로, 만들려는 용품의 크기에 맞추어 사슬뜨기로 코를 잡은 후 짧은뜨기와 긴뜨기 등을 응용하여 뜬다.
>
> 코바늘뜨기

겉뜨기	
안뜨기	

잠깐
고무뜨기 : 안뜨기와 겉뜨기를 일정하게 번갈아 하는 대바늘뜨기

1코 고무뜨기 무늬로 목도리 만들기	굵은 실과 대바늘을 이용하여 목도리를 뜰 경우에는 1코 고무뜨기 무늬로 뜨는 것이 좋다.
2코 고무뜨기 무늬로 목도리 만들기	모시나 면사 등 비교적 가는 실로 목도리를 뜰 경우에는 2코 고무뜨기 무늬가 탄력도 좋고 1코 고무뜨기 무늬로 뜰 때보다 시간을 단축할 수 있다.

(3) 코바늘을 이용하여 수세미 만들기

① 코바늘뜨기는 갈고리 모양의 코바늘과 실을 이용하여 뜨는 것이다.

② 만들려는 용품의 크기에 맞추어 사슬뜨기로 코를 잡은 후 짧은뜨기와 긴뜨기 등을 응용하여 뜬다.

코 만들기	
긴뜨기	
짧은뜨기	

(4) 십자수를 이용하여 열쇠고리 만들기

① 십자수는 실을 'X'자 모양으로 엇갈리게 수를 놓는 것으로, 도안에

 바로 확인

( )는 실, 바늘, 아이다, 쪽가위를 이용하여 X자 모양으로 수를 놓는 바느질이다.

수자십

따라 십자의 크기를 정한 후 세로와 가로를 일정하고 규칙적으로 수놓는다.

② 시작할 때와 끝날 때에는 매듭을 짓지 않으며 모든 수를 같은 방향으로 놓아야 한다.

바늘을 뒤에서 앞으로 빼고 오른쪽 대각선 위로 가로지른다.

반대쪽으로 ×자 모양이 되도록 가로지른다.

바늘을 뒷면에서 몇 개의 땀 밑으로 실을 통과시키고 잘라 마무리한다.

(5) 재봉틀을 이용하여 쿠션 만들기

① 쿠션은 천 안에 솜을 넣어 기대거나 받칠 때 푹신한 느낌을 주는 용품이다.

② 집에서 사용하는 쿠션의 커버를 만들어 계절에 어울리도록 새롭게 바꾸어 보는 것도 좋다.

(6) 재봉틀의 특징

① 바느질 원리

재봉틀 바느질은 윗실이 지나가는 바늘 땀 사이로 밑실이 올라와 묶여지면서 고정되는 원리이다.

바로 확인

(　　　)은 손바느질에 비하여 속도가 빨라 많은 양의 바느질을 할 수 있으며 튼튼하고 고르게 바느질할 수 있다.

⋯⋯⋯⋯⋯⋯⋯⋯⋯⋯⋯⋯⋯⋯⋯⋯⋯⋯

틀봉재 : 답정

② 장 점

㉠ 바느질을 빠르고 튼튼하게 할 수 있다.

㉡ 바느질선을 반듯하게 할 수 있다.

㉢ 다양한 방법으로 바느질을 할 수 있다.

③ 종 류

㉠ 가정용 재봉틀 : 가정용 재봉틀은 손이나 발의 힘으로 움직이는 수동식 재봉틀과 전기로 작동하는 전기 재봉틀이 있다.

㉡ 공업용 재봉틀 : 공장 등 산업체에서 사용하는 재봉틀로 가정용 재봉틀에 비하여 속도가 매우 빠르다.

④ 재봉틀 각 부분의 기능

명 칭	기 능
실패꽂이	윗실 실패(실을 감아두는 도구)를 꽂는 장치이다.
실채기	윗실을 걸 때 반드시 거쳐야 하는 장치로 윗실을 일정하게 끌어 공급하는 역할을 한다.
윗실 장력 조절 장치	윗실의 장력(당기는 힘)을 조절해 준다.
밑실 감기 장치	밑실을 자동으로 감아 준다.
노루발	바느질할 때 옷감을 눌러 준다.
땀수 조절 나사	바느질 땀의 길이를 조절하는 나사로, 숫자가 커질수록 바늘땀의 길이가 커진다.
돌림바퀴	바늘과 실채기를 올리거나 내릴 때 돌려서 사용한다.
속도 조절 발판	발로 누르면 바느질이 시작되며, 바느질의 속도를 조절한다.

손바느질과 재봉틀 바느질의 특징

구 분	손바느질	재봉틀 바느질
장 점	• 바느질 도구가 간편하고 비용이 적게 든다. • 별도의 작업 공간이 필요하지 않다.	• 바느질을 빠르고 튼튼하게 할 수 있다. • 다양한 방법으로 바느질을 할 수 있다.
단 점	• 바느질 속도가 느리다. • 시간과 노력이 많이 든다.	• 재봉틀 기계를 구입해야 하므로 비용이 많이 든다. • 재봉틀을 설치할 공간이 필요하다. • 바늘이 빠른 속도로 움직이므로 다치지 않도록 항상 주의해야 한다.

재봉틀 사용 안전 수칙

• 전기 재봉틀의 전원을 젖은 손으로 연결하면 감전되므로 주의한다.

• 여러 가지 부품을 함부로 조작하거나 무리한 힘을 주면 고장의 원인이 된다.

• 재봉틀을 점검할 때는 반드시 전원을 끈 상태에서 한다.

• 재봉틀을 사용할 때는 다치지 않게 주의하면서 다룬다.

실력 탄탄
단원 마무리 문제

---

01 손바느질의 특징으로 알맞은 것은?

① 다양한 방법으로 바느질을 할 수 있다.

② 시간과 노력이 많이 든다.

③ 기계 구입 시 비용이 많이 든다.

④ 바느질 속도가 빨라 대량 생산이 가능하다.

해설

손바느질의 장단점

• 장점 : 바느질 도구가 간편하고 비용이 적게 들며 별도의 작업 공간이 필요하지 않다.

• 단점 : 바느질 속도가 느리며, 시간과 노력이 많이 든다.

02 손바느질에 사용되는 도구에 대한 설명으로 알맞은 것은?

① 줄자 – 바늘을 꽂아 보관한다.

② 초크, 색연필 – 천을 자르고 그림을 그릴 때 사용한다.

③ 시침 핀 – 천을 꿰맬 때 사용한다.

④ 골무 – 바늘을 밀어 줄 때 손끝을 보호해 준다.

해설

① 줄자 : 물건의 둘레 치수나 곡선 치수를 잴 때에 쓰인다.

② 초크, 색연필 : 옷감에 마름질선이나 바느질선을 긋는 데 쓰인다.

③ 시침 핀 : 헝겊을 어긋나지 않게 고정시키는 데 쓰인다.

03 천연 섬유끼리 짝지어진 것은?

① 펄프, 마

② 목화솜, 누에고치

③ 석유, 석탄

④ 누에고치, 석유

- 천연 섬유 : 마, 양털, 목화솜, 누에고치 등
- 인조 섬유 : 석유, 석탄, 펄프 등

04 대바늘뜨기에 대한 설명으로 알맞은 것은?

① 십자수 바늘과 십자수 실을 이용하여 만든다.

② 갈고리 모양의 코바늘과 실을 이용한 것이다.

③ 두 개 이상의 대바늘과 털실로 코를 만들어 뜨는 것이다.

④ 바탕천에 X자 모양으로 엇갈리게 수를 놓는 것이다.

①, ④ 십자수, ② 코바늘

05 재봉틀 부분의 기능이 알맞은 것은?

① 실채기 – 바느질할 때 옷감을 눌러 준다.

② 돌림바퀴 – 윗실을 일정하게 끌어 공급한다.

③ 속도 조절 발판 – 바느질의 속도를 조절한다.

④ 밑실 감기 장치 – 되돌아박기 할 때 사용한다.

- 실채기 : 윗실을 일정하게 끌어 공급한다.
- 돌림바퀴 : 바늘과 실채기를 올리거나 내릴 때 돌려서 사용한다.
- 밑실 감기 장치 : 밑실을 자동으로 감아 준다.

06 재봉틀을 사용할 때 주의 사항으로 옳지 <u>않은</u> 것은?

① 선생님의 지시에 잘 따른다.

② 전기 재봉틀을 점검할 때는 전원을 켠 상태에서 확인한다.

③ 재봉틀의 주위에서 장난을 치지 않는다.

④ 재봉틀에 충격을 주거나 떨어뜨리지 않는다.

전기 재봉틀을 점검할 때는 감전의 우려가 있으므로 반드시 전원을 끈 상태에서 확인한다.

07 다음 중 손바느질에 대한 설명으로 옳지 <u>않은</u> 것은?

① 기계를 쓰지 않고 직접 손으로 하는 바느질이다.

② 의복을 만들거나 단추를 달 때 이용한다.

③ 두껍고 튼튼한 옷감을 바느질할 때 주로 이용한다.

④ 옷을 수선할 수 있어 자원을 절약해 준다.

손바느질에는 비교적 얇고 튼튼한 면직물이 사용된다.

MEMO

생활 자원과 소비

제1절 생활 자원의 이용과 관리

제2절 생활시간과 용돈의 활용

10장

시도했던 모든 것이 물거품이 되었더라도
그것은 또 하나의 전진이기 때문에 나는 용기를 잃지 않는다.

– 토마스 에디슨

술술 풀리는
초등 실과

chapter 10 생활 자원과 소비

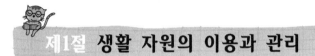
제1절 생활 자원의 이용과 관리

생활의 길잡이 생활 자원의 의미와 중요성을 알며, 환경과의 관계를 이해하고 보존하려는 태도를 가질 수 있다.

(1) 생활 자원의 의미와 종류 ⚡중요

① 생활 자원의 의미

㉠ 우리가 생활하면서 사용하는 모든 것을 생활 자원이라고 한다.

생활 자원의 예
전기, 의복, 식품, 학용품, 석유 등

㉡ 생명과 건강을 유지하고 욕구를 충족하고 목표를 달성하기 위해 사용하는 모든 것들을 말한다.

② 생활 자원의 종류

㉠ 인적 자원

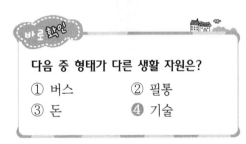

다음 중 형태가 다른 생활 자원은?
① 버스　　② 필통
③ 돈　　❹ 기술

- 인간의 내부에 있거나 인간과 떨어져서는 생각할 수 없는 자원이다.
- 개인의 특성이나 능력과 같이 형태가 없고 노력하면 계속 개발할 수 있다.
- 시간, 태도, 재능 등이 있다.
- 시간은 눈에 보이지 않지만 활용하기에 따라 생활을 풍요롭게도 하고 황폐하게도 한다.

ⓒ 물적 자원

- 인간의 외부에 존재하여 눈에 보이고 인간이 통제 가능한 자원이다.

- 식품이나 용돈과 같이 형태가 있고 양이 한정되어 있다.

- 돈, 음식물, 의보, 주택, 학용품, 가전 제품 등이 있다.

생활 자원의 분류
- 물적 자원 : 음식, 옷, 학용품, 컴퓨터, 학교, 병원, 집 등
- 인적 자원 : 개인의 특성, 능력과 관련된 지식, 기술, 흥미, 시간 등
- 천연 자원 : 물, 공기, 햇빛과 같이 계속 공급이 가능한 자원과 석탄, 석유, 지하자원과 같이 그 양이 한정된 자원

(2) 생활 자원 관리의 중요성

① 생활 자원 중에는 우리가 원하는 것을 모두 충족할 만큼 충분하지 않은 것도 있고 꾸준한 노력을 통해 무한이 계발될 수 있는 종류도 있다. 그러므로 생활 자원은 잘 활용하고 효율적으로 관리하는 것이 중요하다.

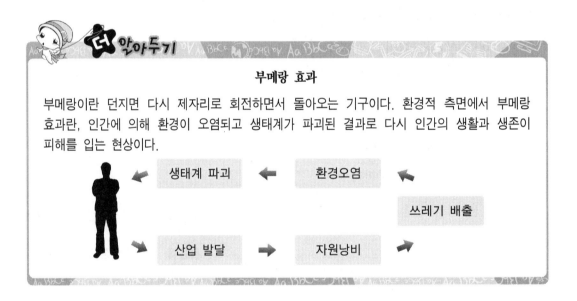

부메랑 효과

부메랑이란 던지면 다시 제자리로 회전하면서 돌아오는 기구이다. 환경적 측면에서 부메랑 효과란, 인간에 의해 환경이 오염되고 생태계가 파괴된 결과로 다시 인간의 생활과 생존이 피해를 입는 현상이다.

생태계 파괴 ← 환경오염 ← 쓰레기 배출 → 자원낭비 ← 산업 발달

② 생활 자원 중 전기를 절약할 수 있는 방법

㉠ 사용하지 않는 전기 제품의 전원을 끄고 장시간 사용하지 않을 때는 코드를 뺀다.

㉡ 형광등, 냉장고, 에어컨 등의 에너지 소비 효율 등급이 높은 제품을 사용한다.

㉢ 냉장고를 자주 열었다 닫지 않는다.

ⓔ 냉장고에 음식을 꽉 차게 넣지 않는다.

ⓜ 에어컨을 사용할 때 실내 온도와 외부 온도의 차이가 5℃를 넘지 않도록 한다.

③ 생활 자원 중 물을 절약할 수 있는 방법

ⓖ 비누칠이나 양치를 하는 동안에는 수도꼭지를 꼭 잠근다.

ⓛ 세탁물은 모아서 한꺼번에 세탁한다.

ⓒ 절약형 샤워 꼭지를 사용한다.

ⓔ 설거지를 할 때 물을 받아 놓고 한다.

ⓜ 절약형 변기를 사용하거나 변기의 물통에 벽돌이나 물을 담은 페트병을 넣어둔다.

ⓗ 급수대에서 친구들과 물장난을 하지 않는다.

(3) 생활 자원과 환경과의 관계

① 자원은 자연에서부터 얻는 것이므로 자원을 낭비하면 자연으로부터 얻는 원료가 점점 사라지게 되고, 결국에는 자연환경을 파괴하게 된다.

② 자원을 효율적으로 소비하면 자원을 절약할 수 있고 환경을 보호하는 데에도 커다란 도움이 된다.

생활 자원을 낭비했을 때의 결과

- 생활 자원을 낭비한다는 것은 자연으로부터 얻는 원료가 점점 없어지게 된다는 것이다.
- 쓰레기도 많이 생기게 되어 환경을 오염시키므로 생활 자원을 아껴 쓰고 보존하여 환경 파괴를 줄여야 한다.
- 생활 자원을 낭비하면 자연의 원료는 점점 더 부족해진다.
- 생활 자원을 계획적으로 아껴 쓰지 않고 낭비하면 우리 후손들은 쾌적하고 건강한 삶을 누릴 수 없다.

생활 자원이 부족하거나 없을 때 일어날 수 있는 일

• 겨울에 춥고 생활하기가 불편하다.

• 음식, 목욕, 청소, 세탁 등을 마음대로 할 수 없다.

• 전깃불을 켜지 못하게 되며, 난방과 냉방을 할 수 없다.

(4) 생활 자원을 소비할 때 고려할 점

① 꼭 필요한 것인가 생각한다.

② 사용 목적이 바람직한 것인지 알아본다.

③ 생산하면서 자원을 낭비하지 않았는지 알아본다.

④ 환경에 나쁜 영향을 주지 않는지 생각한다.

⑤ 재활용이 가능한지 살펴본다.

이산화탄소(CO_2) 10% 줄이기, 우리 가족 7가지 좋은 습관

1. 온도계를 걸어 둔다.

2. 에너지 효율을 따진다.

3. 사용하지 않는 플러그는 뽑는다.

4. 물 사용량을 확인한다.

5. 건강한 교통수단을 선택한다.

6. 지구를 살리는 현명한 쇼핑을 한다.

7. 한 단계 작은 용량의 쓰레기봉투를 사용한다.

※ 자료 : 에너지시민연대 http://www.enet.or.kr

제2절 생활시간과 용돈의 활용

생활의 길잡이 생활시간과 용돈을 효율적이고 합리적으로 사용하는 방법에 대해 알아본다.

(1) 시간 관리의 중요성과 생활시간

① 시간의 특성과 시간 관리의 중요성

> **바로 확인**
>
> 하루 24시간을 사용하는 내용에 따라 나눈 시간을 (　　　　)이라고 한다.
> ....
> 생활시간

㉠ 한 번 지나간 시간은 다시 돌아오지 않는다.

㉡ 시간은 누구에게나 하루에 24시간이라는 똑같은 양으로 주어진다.

㉢ 어떤 활동을 하든지 시간은 함께 사용된다.

㉣ 시간을 어떻게 관리하느냐에 따라 미래가 달라진다.

② 생활시간의 종류 **중요**

㉠ 노동 생활시간

직업 노동시간	직장인이 직장에서 수입을 얻기 위해 사용하는 시간 예 근무, 출퇴근, 부업 등
가사 노동시간	가족원이 가정생활의 유지와 노동력의 재생산을 위해 가정에서 보내는 시간 예 취사, 청소, 자녀 돌보기, 장보기 등
학교 생활시간	학생이 학교에서 공부하는 시간 예 수업, 통학, 숙제 등

㉡ 생리적 생활시간 : 생리적으로 에너지를 재생산하는 데 사용되는 기초적인 생활시간으로, 수면, 휴식, 식사, 몸단장, 목욕, 세면, 용변, 의료 등이 있다.

㉢ 사회 문화적 생활시간 : 운동이나 취미 활동을 하거나 또는 사회봉사 활동에 참여하거나, 친구나 가족과 자유롭게 사용할 수 있는 시간으로, 운동, 교양, 오락, 취미, 교제, 방문, 사회봉사, 여행 등이 있다.

(2) 시간 관리 방법

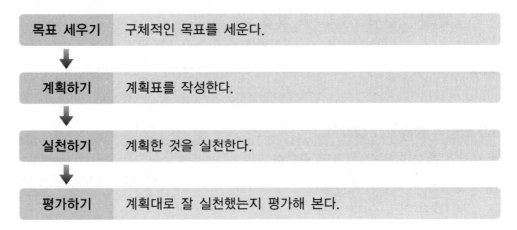

목표 세우기	구체적인 목표를 세운다.
계획하기	계획표를 작성한다.
실천하기	계획한 것을 실천한다.
평가하기	계획대로 잘 실천했는지 평가해 본다.

(3) 용돈 사용에 대한 계획 및 평가

① 용돈 사용 계획

일정 기간에 들어올 용돈의 범위 내에서 필요한 물건들의 우선순위를 정하여 지출 내역을 결정하는 일이다.

② 지 출

일반적으로는 어떤 목적을 위해 금전을 지급하는 행위를 말하며 매주(매월) 일정하게 또는 특별하게 지출되는 금전을 모두 포함한다.

(4) 나의 용돈

① 용돈 마련

용돈을 주로 부모님으로부터 정해진 날짜에 타거나 또는 필요할 때마다 타서 쓰게 된다. 그러나 스스로의 힘으로 마련한다면 더욱 좋다.

- 용돈의 필요한 액수를 계획한다.
- 용돈 마련 방법을 생각한다.

용돈을 받는 방법

• 헌 종이나 빈 병을 모아 판다.
• 심부름이나 부모님을 도와드린 대가로 마련한다.
• 특별한 날에 가족, 친지에게서 받는다.

② 용돈 바로 쓰기

　㉠ 용돈의 쓰임새와 계획

　　• 용돈의 쓰임새 : 학용품 구입, 취미 생활이나 오락 활동비, 선물 구입, 교통비, 간식비, 이웃 돕기 성금, 위문품 보내기 등

　　• 용돈 사용 예산서 작성 요령

　　　– 저금할 돈을 먼저 써 넣는다.

　　　– 사야 할 학용품의 종류와 수량을 조사한 다음, 필요 금액을 써 넣는다.

　　　– 간식비는 될 수 있는 한 줄인다.

　　　– 특별한 행사에 쓸 비용은 기타 난에 써 넣는다.

　㉡ 물건을 사기 전에 생각해 보아야 할 것

　　• 필요한 물건들이 무엇인지 적어 본다.

　　• 물건의 가격과 예산을 맞춰 본다.

　　• 물건의 모양, 색깔, 견고성, 안정성 등을 알아본다.

　　• 살 물건이 앞으로 계속 필요한 것인지를 생각해 본다.

　　• 살 물건을 결정한다.

• 용돈을 어디에 얼마를 쓸 것인가를 스스로 결정한다.
• 매달 초에 용돈 사용 계획을 세운다.
• 불필요한 지출이 줄어든다.
• 가치있고도 보람있게 용돈을 쓰게 된다.

③ 용돈기입장 적기

| 용돈은 쓴 즉시 적어 놓지 않으면 내용을 잊어버린다. | → | 용돈기입장을 만들어 수입과 지출의 내용을 기록했다가 매월 정리해서 예산서와 비교해 보고 반성의 자료로 쓰면, 앞으로의 계획을 세울 때 좋은 참고 자료가 된다. |

㉠ 매월 말에는 수입란의 합계에서 지출란의 합계를 뺀 잔액을 다음 달로 넘긴다.

㉡ 용돈 기입장의 수입란과 지출란의 금액을 합계해서 기입한 후, 두 줄로 마감한다.

㉢ 정리가 끝난 다음에는 결산서를 작성하여 계획한 금액과 실제 쓴 금액을 비교해 보고 한달 동안의 용돈 쓰임새에 대해 반성해 본다.

란	기입 내용
월일란	수입 날짜와 지출 날짜를 적는다.
참고란	수입과 지출 내용을 간략하게 적는다.
수입란	들어온 금액을 적는다.
지출란	나간 금액을 적는다.
잔액란	수입 금액에서 지출 금액을 뺀 나머지 금액을 적는다.

	참 고	계획한 금액	수입 및 지출액	증가	감소
수 입	지난 달에서 넘어온 금액	220	220		
	이 달에 들어온 금액	2,500	3,880	1,380	
	합 계	2,720	4,100	1,380	
지 출	저 축	500	1,500	1,000	
	학용품비	1,100	550		550
	간식비	300	250		50
	기 타	820	1,640	820	
	합 계	2,720	6,940	1,220	
남은 돈(다음 달로 넘김)		0	160		

[용돈 사용 예산·결산서(예시)]

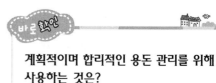

바로 확인

계획적이며 합리적인 용돈 관리를 위해 사용하는 것은?

① 생활계획표 ② 용돈기입장
③ 일기장   ④ 메모장

용돈쓰기

우리의 용돈은
학용품을 사는데 많이 쓰인다.

⇨

- 신용 있는 문구점에서 산다.
- 같은 물건이라도 사는 수량이나 시기 등에 따라 다르므로 주의한다.
- 품질과 성능이 좋은 물건을 값싸게 사도록 노력한다.

 물건을 살 때에는 되도록 ⓚ표시나 ⓠ표시의 품질 표시가 있는 것을 고르도록 한다.

④ **절약과 저축**

㉠ 절약과 저축의 필요성

- 목돈이 급히 필요할 때(재난을 당하거나 병이 났을 때), 저축해 놓은 돈이 필요하다.
- 평상시 절약하고 저축하는 습관은 개인 생활과 국가 발전에 큰 도움이 된다.
- 공장에 돈을 빌려 주어 산업을 발전시킬 수 있다.
- 저축을 통해 모인 자금을 가지고 좋은 품질의 물건을 생산하여 외국에 수출한다.

㉡ 절약하는 생활

- 학용품 아껴 쓰기 : 학습장, 연필, 지우개 등의 낭비를 줄이고 잃어 버리지 않도록 주의한다.
- 폐품 재활용하기 : 헌 종이나 빈 병 등을 모아 팔아서 저축한다.
- 가정이나 학교에서 할 일 : 수돗물과 전기 아껴 쓰기

찍어주는 **핵심정리**

01 우리가 생활하면서 사용하는 모든 것을 **생활 자원**이라고 한다.

02 **자원**은 자연에서부터 얻는 것이므로 자원을 낭비하면 자연으로부터 얻는 원료가 점점 사라지게 되고, 결국에는 자연환경을 파괴하게 된다.

03 생활시간의 종류
① 직업 노동 시간 : 직장인이 직장에서 수입을 얻기 위해 사용하는 시간
② 가사 노동 시간 : 가족원이 가정생활의 유지와 노동력의 재생산을 위해 가정에서 보내는 시간
③ 학교 생활시간 : 학생이 학교에서 공부하는 시간
④ 생리적 생활시간 : 생리적으로 에너지를 재생산하는 데 사용되는 기초적인 생활시간
⑤ 사회·문화적 생활시간 : 운동이나 취미 활동을 하거나 또는 사회봉사 활동에 참여하거나, 친구나 가족과 자유롭게 사용할 수 있는 시간

04 용돈 사용 예산서 작성 요령
① 저금할 돈을 먼저 써 넣는다.
② 사야 할 학용품의 종류와 수량을 조사한 다음, 필요금액을 써 넣는다.
③ 간식비는 될 수 있는 한 줄인다.
④ 특별한 행사에 쓸 비용은 기타란에 써 넣는다.

05 용돈기입장의 기입 방법
① 매월 말 수입란의 합계에서 지출란의 합계를 뺀 잔액을 다음 달로 넘긴다.
② 용돈기입장의 수입란과 지출란의 금액을 합해서 기입한 후 두 줄로 마감한다.

06 절약과 저축의 필요성
① 목돈이 급히 필요할 때 저축해 놓은 돈이 필요하다.
② 개인 생활과 국가 발전에 큰 도움이 된다.
③ 공장에 돈을 빌려 주어 산업을 발전시킨다.
④ 저축을 통해 모인 자금을 가지고 좋은 품질의 물건을 생산하여 수출한다.

실력 탄탄 단원 마무리 문제

01 용돈의 쓰임새와 계획에 대한 바른 설명이 <u>아닌</u> 것은?

① 용돈을 어디에 얼마를 쓸 것인가 스스로 결정한다.

② 용돈 사용 계획은 매달 말에 세운다.

③ 용돈 사용 계획은 불필요한 지출을 없앤다.

④ 용돈은 가치있고 보람있게 써야 한다.

② 매달 초에 용돈 사용 계획을 세운다.

02 학용품 구입 시 주의해야 할 점이 <u>아닌</u> 것은?

① 신용 있는 문구점에서 산다.

② 같은 물건이라도 사는 수량이나 시기에 따라 다르므로 주의한다.

③ ⓟ표시가 있는 것은 비싸므로 피한다.

④ 품질과 성능이 좋은 물건을 값싸게 사도록 노력한다.

물건을 살 때에는 되도록 ⓚⓢ표시나 ⓟ표시의 품질 표시가 있는 것을 고르도록 한다.

03 우리들의 용돈 쓰임새가 <u>아닌</u> 것은?

① 학용품 구입

② 이웃 돕기 성금

③ 취미 생활이나 오락비

④ 신문 구독료

우리들의 용돈은 주로 학용품 구입에 쓰이며, 그 외에 취미 생활이나 오락 활동비(될 수 있는 대로 줄여야 한다), 선물 구입, 교통비, 간식비, 이웃 돕기 성금, 위문품 보내기 등에 쓰인다.

04 절약과 저축의 필요성이 <u>아닌</u> 것은?

① 목돈이 급히 필요할 때가 있다.

② 개인 생활과 국가 발전에 도움이 된다.

③ 산업을 발전시킨다.

④ 외국의 차관을 들여 오게 한다.

①, ②, ③ 외에도 저축을 통해 모인 자금을 가지고 좋은 품질의 물건을 생산하여 외국에 수출할 수 있다.

05 생활 자원의 사용이 환경에 미치는 영향으로 알맞지 <u>않은</u> 것은?

① 우리가 사용한 생활 자원은 생태계를 복원시킨다.

② 생활 자원을 사용하는 과정에서 이산화탄소가 발생한다.

③ 인구가 증가하고 자원을 무분별하게 사용해서 환경이 심각하게 파괴되고 있다.

④ 석탄, 석유 등 화석 연료의 대량 소비로 산성비가 내려 토양이 오염된다.

생활 자원의 사용으로 인해 자연환경이나 생활환경을 손상시키고 궁극적으로는 사람의 생활 및 건강에 유해한 영향을 미친다.

06 다음과 같이 도움을 주는 생활 자원은?

> • 일을 할 수 있는 활력을 준다.
> • 즐겁게 운동하며 여가를 즐길 수 있다.

① 용돈
② 에어컨
③ 친구와의 우정
④ 신체적 운동 에너지

07 다음 중 생활 자원의 효율적인 관리 방법이 <u>아닌</u> 것은?

① 내가 가지고 있는 생활 자원은 내 마음대로 사용해도 된다.
② 생활 자원은 한정되어 있으므로 아껴 쓴다.
③ 계획적으로 사용하여 낭비하지 않도록 한다.
④ 최대의 만족을 얻을 수 있는 것으로 선택한다.

생활 자원을 낭비하면 자연의 원료는 점점 더 부족해지므로 효율적으로 관리해야 한다.

08 생활 자원을 소비할 때 고려해야 할 점으로 알맞지 <u>않은</u> 것은?

① 꼭 필요한 것을 구입한다.
② 재활용이 가능한 것을 구입한다.
③ 온실가스가 적은 것을 구입한다.
④ 생산하면서 자원 낭비가 심한 것을 구입한다.

생산하면서 자원을 낭비하지 않았는지 알아본다.

09 시간 자원의 특징으로 알맞지 <u>않은</u> 것은?

① 시간은 공평하게 주어지지 않는다.

② 눈에 보이지 않고, 저장할 수도 정지시킬 수도 없다.

③ 삶의 목표를 이루는 데 필요한 가장 기본적인 자원이다.

④ 시간은 기술, 돈, 신체 에너지 등과 다른 자원이 사용될 때 함께 사용된다.

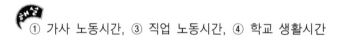 시간은 누구에게나 하루에 24시간이라는 똑같은 양으로 주어진다.

10 여가 생활시간으로 알맞은 것은?

① 가정에서 일하는 가사 노동 시간

② 가족과 여행하는 시간

③ 직장에서 일하는 시간

④ 학교에서 공부하는 시간

① 가사 노동시간, ③ 직업 노동시간, ④ 학교 생활시간

11 노동 생활시간에 속하지 <u>않는</u> 것은?

① 이사하는 시간

② 방 청소하는 시간

③ 직장에서 일하는 시간

④ 축구 동아리 활동 시간

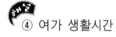 ④ 여가 생활시간

 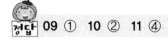

12 영수의 5월 용돈기입장이다. 5월 24일 잔액은 얼마인가?

날 짜		내 용	금액(원)		
월	일		수 입	지 출	잔 액
5	1	지난 달 남은 돈	2,000		2,000
5	6	동화책 1권 빌림		1,000	1,000
5	16	폐품 판 돈	3,400		4,400
5	24	어머니 생신 선물		4,000	(?)

① 3,400원 ② 400원

③ 1,400원 ④ 5,400원

총수입(2,000 + 3,400) − 총지출액(1,000 + 4,000) = 400(원)

13 다음 중 용돈 사용 계획을 세우는 이유로 알맞지 <u>않은</u> 것은?

① 소비 생활을 반성할 수 있다.

② 용돈의 낭비를 막을 수 있다.

③ 시간을 더 많이 이용할 수 있다.

④ 건전한 소비 습관을 기를 수 있다.

용돈 사용 계획을 세우면 잘못된 소비 생활을 반성하여 용돈의 낭비를 막아 건전한 소비 습관을 기를 수 있게 된다.

MEMO

생활 속의 전기·전자

제1절 전기·전자 용품의 사용과 관리

제2절 간단한 전자 회로 꾸미기

순간의 결정이 새로운 운명을 창조한다.
우리가 진정 결단을 내린 순간, 그때부터 하늘도 움직이기 시작한다.
– 앤서니 라빈스

11장

술술 풀리는
초등 실과

생활 속의 전기·전자

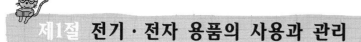

제1절 전기·전자 용품의 사용과 관리

생활의 길잡이　생활 속에서 이용하는 전기·전자 용품의 종류와 관리 방법을 알고 안전하며 편리하게 사용한다.

(1) 전기의 특성과 전달 과정

① 전기의 특성

㉠ 빠르게 이동하며 쉽게 수송할 수 있다.

㉡ 다른 에너지의 형태로 쉽게 변환할 수 있다.

㉢ 소음이나 환경 오염 물질을 발생시키지 않는다.

㉣ 맛이나 냄새가 없고 색깔이 없어 눈에 보이지 않는다.

㉤ 많은 양의 전기를 저장하기 어렵고, 잘못 사용하면 위험하다.

② 전달 과정

발전소 → 변전소 → 변압기 → 가정

> **잠깐**
> 화석 연료인 석탄, 석유 등은 양이 한정되어 있고 환경을 오염시키므로 이를 대체할 수 있는 에너지가 주목받고 있다. 태양열, 풍력, 조력, 지열 에너지 등이 이에 속한다.

바로 확인

전기 에너지를 열 에너지로 바꾸어 이용하는 생활 용품은 어느 것인가?

① 선풍기　　　② 진공청소기
③ 백열등　　　❹ 전기다리미

☞ 열 에너지 : 전기난로, 전기장판, 헤어드라이어, 전기다리미 등
①, ② 동력 에너지, ③ 빛 에너지

(2) 이용 분야에 따른 전기 · 전자 용품의 분류 중요

① 빛을 이용하기 위한 용품 : 가로등, 신호등, 전구, 전기스탠드 등

② 열을 이용하기 위한 용품 : 다리미, 전기난로, 전기밥솥, 헤어드라이어 등

③ 소리를 이용하기 위한 용품 : 전화기, 오디오, MP3 재생기 등

④ 동력을 이용하기 위한 용품 : 청소기, 믹서, 세탁기 등

 더 알아두기

빛으로 이용되는 전기 기구

• 전기 에너지를 빛 에너지로 바꾸어 이용한 전기 기구이다.
• 할로겐 등, 수은등, 형광등, 백열전구 등이 있다.

열로 이용되는 전기 기구

• 전류가 흐르면 저항 때문에 열이 발생하는데 이러한 발열 작용을 이용한 전기 기구이다.
• 전기난로, 전기장판, 전기 프라이팬, 전기밥솥, 헤어드라이어, 전기 주전자, 토스터기, 전기 오븐 등이 있다.

동력으로 이용되는 전기 기구

• 가전 기기 중에는 전기 에너지를 동력(기계를 움직이는 힘) 에너지로 바꾼 전동기를 이용한 제품이 많다.
• 세탁기, 냉장고, 선풍기, 진공청소기, 엘리베이터, 에스컬레이터 등이 있다.

(3) 전기 · 전자 용품의 변화 과정

① 전화기의 변화 : 언제 어디서나 쉽게 음성 및 영상 통화가 가능하며 카메라, 메모, 달력, 계산기, 사전 등 여러 가지 기능이 있어 편리하다.

② TV의 변화 : 더 크고 선명한 화면을 제공하고 실내 공간 디자인 및 활용의 폭이 넓어지며 의자와 소파 문화가 생활화 된다.

(4) 전기 · 전자 용품을 안전하게 사용하는 방법

① 감전 방지

㉠ 전기 기기를 점검하거나, 수리 또는 청소할 때는 플러그를 빼놓는다.

㉡ 물이 묻은 손으로 전기 기기를 만지지 않는다.

㉢ 세탁기, 냉장고 등은 접지한다.

우리나라의 발명품

우리 조상은 뛰어난 재능을 발휘하여 측우기, 금속 활자, 거북선, 해시계, 물시계, 씨 없는 수박 등을 발명하여, 세계에 자랑할 만한 위대한 발명의 역사를 이루었다.

② 화재 방지

㉠ 코드의 허용 전류는 작으므로, 큰 용량의 전기 기기를 연결하지 않는다.

㉡ 파손되거나 접촉 상태가 불량한 전기 기구를 사용하지 않는다.

㉢ 전기 기기를 문어발식으로 사용하지 않는다.

③ 점검 및 수리

㉠ 콘센트의 전원 전압과 기기의 사용 전압을 확인한 후 전원을 꽂아 사용한다.

전기 · 전자 용품을 안전하게 사용하는 방법으로 알맞은 것은?

① 젖은 손으로 전기 · 전자 용품을 사용한다.

② 플러그를 뺄 때에는 전선을 잡고 뺀다.

❸ 제품 내부에 물이 들어가지 않게 한다.

④ 한 개에 콘센트에 여러 제품을 연결한다.

☞ ① 감전 방지를 위하여 물이 묻은 손으로 전기 기기를 만지지 않는다.

② 전원 플러그를 뺄 때 코드를 잡아당기면 심선이 끊어지거나 빠지기 쉬우므로, 플러그를 잡고 빼도록 한다.

④ 화재 방지를 위하여 전기 기기를 문어발식으로 사용하지 않는다.

㉡ 110V 전용 기기를 220V에 사용할 때에는 소형 변압기를 연결하여 사용한다.

전기 · 전자 관련 발명품

전기는 1879년 에디슨이 전구를 발명하면서 우리의 일상생활에 이용되기 시작하였다. 전구의 등장으로 사람들은 밤에도 밝은 세상을 볼 수 있게 되었다. 이후 전화기, 라디오, 텔레비전, 전자레인지, 냉장고 등이 발명되어 더욱 편리하고 풍요로운 생활을 할 수 있게 되었다.

ⓒ 전원 플러그를 뺄 때 코드를 잡아당기면 심선이 끊어지거나 빠지기 쉬우므로, 플러그를 잡고 빼도록 한다.

ⓡ 누전 차단기의 이상 유무를 월 1회 이상 시험한다.

ⓜ 전기 청소기와 에어컨은 전동기에 무리가 가지 않게 필터를 정기적으로 청소한다.

ⓗ 전기다리미와 같은 전열 기구는 과열되지 않도록 주의한다.

ⓢ 냉장고는 냉장고 뒤에 열 교환기가 있으므로 열이 잘 배출되도록 뒤쪽을 벽에서 10cm 이상 떨어뜨려 사용한다.

ⓞ 오디오는 음량을 필요 이상으로 크게 하면 전기의 소비가 늘어나고 고장의 원인이 되므로 적당한 음량을 유지한다.

④ 규격에 맞추어 사용하기

ㄱ 규격에 맞는 퓨즈를 사용한다.

ㄴ 전기 기기를 구입할 때는 'KS', '검', '전', '품' 표시가 있는 믿을 수 있는 제품을 선택한다.

ㄷ 에너지 효율이 높은 제품을 구입한다.

이것만은 꼬~옥

전기·전자 용품의 안전한 사용법과 관리 방법
- 사용 설명서 읽어 보고 사용하기
- 사용하지 않을 때 플러그 뽑아두기
- 사용하는 용품과 가정에 공급되는 전압의 크기가 일치하는지 확인하기
- 플러그는 몸체를 잡고 뽑기
- 전선의 피복이 벗겨져 있는 용품 사용하지 않기
- 한 개의 콘센트에 여러 개의 플러그 꽂지 않기

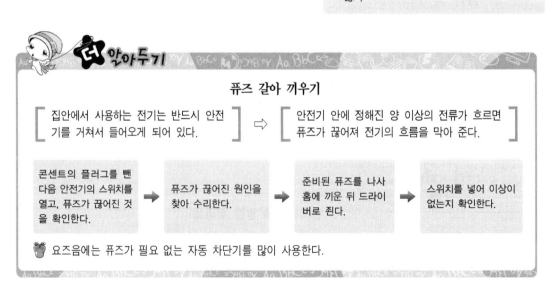

더 알아두기

퓨즈 갈아 끼우기

[집안에서 사용하는 전기는 반드시 안전기를 거쳐서 들어오게 되어 있다.] ⇨ [안전기 안에 정해진 양 이상의 전류가 흐르면 퓨즈가 끊어져 전기의 흐름을 막아 준다.]

콘센트의 플러그를 뺀 다음 안전기의 스위치를 열고, 퓨즈가 끊어진 것을 확인한다. → 퓨즈가 끊어진 원인을 찾아 수리한다. → 준비된 퓨즈를 나사 홈에 끼운 뒤 드라이버로 죈다. → 스위치를 넣어 이상이 없는지 확인한다.

요즈음에는 퓨즈가 필요 없는 자동 차단기를 많이 사용한다.

(5) 전기·전자 용품을 효율적으로 사용하기 위한 방법

① 표시된 정격에 맞게 사용한다.

② 품질 표시가 되어 있는 제품을 사용한다.

③ 에너지 소비 효율 등급이 높은 제품을 사용한다.

에너지 소비 효율 등급

가정에서 널리 사용되는 냉장고나 자동차의 유리창 등을 살펴보면 왼쪽과 같은 표시가 부착되어 있다. 이 에너지 소비 효율 등급 표시 제도는 제품의 에너지 소비 효율 또는 사용량에 따라 1~5등급으로 구분하여 표시토록 함으로써 소비자들이 효율이 높은 에너지 절약형 제품을 손쉽게 판단하여 구입할 수 있도록 하고, 제조업자들이 생산 단계에서부터 원천적으로 에너지 절약형 제품을 생산·판매하도록 하는 에너지 절약을 위한 제도이다. 1등급에 가까운 제품일수록 에너지절약형 제품으로, 1등급 제품을 사용하면 5등급 제품 대비 약 30~40%의 에너지를 절감할 수 있다.

제2절 간단한 전자 회로 꾸미기

생활의 길잡이 전기·전자 부품과 공구를 사용하여 간단한 전자 회로를 꾸미는 과정을 통해 여러 가지 전기·전자 용품의 특성을 이해한다.

(1) 전자 부품의 모양과 기능

전자 부품	모 양	기 능
발광 다이오드		일방통행의 길과 같이 전류의 방향이 맞으면 빛이 난다.
저항		수돗물의 양을 조절하는 수도꼭지처럼 전기의 흐름을 조절한다.
멜로디 IC		멜로디가 녹음되어 있어 소리를 낸다.
콘덴서		양동이에 물을 담아 두는 것과 같이 적은 양의 전기를 저장한다.
트랜지스터		돋보기로 글씨의 크기를 크게 하듯이 전기 신호를 크게 해 준다.
스위치		회로를 작동시키거나 중지시킨다.
전동기		전기를 운동 에너지로 바꾸어 준다.
건전지		저수지에 물을 담아 놓은 것처럼 전기를 저장한다.

(2) 회로도

① 회로도 : 전자 부품을 기호로 나타내어 선으로 연결해 놓은 그림

② 실체도 : 회로도에 따라 부품을 배치하고 전선으로 연결하여 완성한 제품의 그림

> **전자 부품의 역할**
> • 저항 : 흐르는 전류의 양을 조절
> • 콘덴서 : 적은 양의 전기 신호를 잠시 저장
> • 트랜지스터 : 전기 신호를 증폭
> • 발광 다이오드 : 전류 방향이 맞으면 빛이 발생
> • 황화카드뮴 : 빛을 감지

(3) 전자 회로 꾸미기(커넥터 블록으로 전자 회로 꾸미기 순서)

❶ 커넥터 블록에 전자 부품 꽂기 → ❷ 회로도를 보며 커넥터 블록을 밑판에 꽂기 → ❸ 극성에 유의하며 전선으로 연결하기 → ❹ 작동 유무를 확인 후 점검하기

(4) 전자 부품과 전자 블록을 이용하여 발광 다이오드 회로 만들기

① 필요한 재료와 용구를 준비한다.

② 실체도를 참고하여 전자 블록을 배치한다.

③ 실체도에 따라 저항, 트랜지스터, 전해 콘덴서, 발광 다이오드, 스위치 등을 전자 블록에 끼워준다.

④ 구멍의 위치에 유의하며 실체도에 따라 각 전자 블록을 회로의 연결선에 연결한다.

⑤ 전자 부품과 회로 연결선을 모두 연결한 후 건전지를 연결한다.

⑥ 스위치를 켜서 정상적으로 발광 다이오드에 불이 들어오고 깜빡이는지 확인한다.

납땜하기

① 접합 부분을 예열한다. ② 땜납을 인두에 녹인다. ③ 땜납이 적당히 녹으면 땜납을 분리한다. ④ 땜납이 구리판에 완전히 녹아 붙으면 인두를 분리한다.

(5) 납땜을 할 때 사용하는 도구

도 구	모 양	쓰임새
땜납		전자 부품과 기판을 고정하거나 두 금속 재료를 접합할 때 사용
납땜 인두		땜납을 녹일 때 사용
받침대		가열된 납땜인두를 보관할 때 사용
납 흡입기		납땜을 잘못한 경우 납땜을 분리할 때 사용
니퍼		전자 부품의 리드선을 자를 때 사용

(6) 납땜 시 작업 안전 수칙 중요

① 공구로 장난치지 않으며, 공구를 작업대 위에 놓고 떨어뜨리지 않도록 조심한다.

② 니퍼로 부품의 리드선을 자를 때에는 손가락을 조심하고, 잘린 조각이 튀어 눈에 들어가지 않도록 주의한다.

③ 납땜을 할 때에는 뜨거운 인두에 화상을 입지 않도록 주의하고, 자주 환기해야 한다.

이것만은 꼬~옥

납땜하는 방법
- 사전 준비
  - 납땜 인두를 전기 콘센트에 꽂는다.
  - 땜납을 20cm 정도 잘라서 준비한다.
- 예열하기 : 납땜할 곳에 인두를 대고 예열한다.
- 땜납 녹이기 : 인두를 납땜할 곳에 고정시킨 상태에서 땜납을 인두 끝부분에 대고 녹인다.
- 인두 분리하기 : 땜납이 완전히 녹아 붙으면 인두를 뗀다.

실력 탄탄 단원 마무리 문제

01 다음 중 전기를 힘으로 이용한 가정 기기가 <u>아닌</u> 것은?

① 환풍기 ② 진공 청소기

③ 전자 레인지 ④ 세탁기

해설 ③은 전파를 이용한 것이며, 전기를 힘으로 이용한 가정 기기는 ①, ②, ④ 외에 선풍기, 냉장고 등이 있다.

02 다음 중 바람의 운동 에너지를 이용하여 전기를 발생시키는 방식은?

① 수력 발전 ② 화력 발전

③ 풍력 발전 ④ 조력 발전

해설
• 수력 발전 : 물의 운동 에너지를 수차로 회전운동 에너지로 변환하고 다시 발전기로 전기 에너지로 변환하는 발전 방식
• 화력 발전 : 석유·석탄·천연가스 등이 가지는 화학 에너지를 기계 에너지로 변환하고, 다시 발전기에 의해 전기 에너지로 변환하는 발전 방식
• 조력 발전 : 조수 간만의 수위차로부터 위치 에너지를 운동 에너지로 바꾸어 전기 에너지로 전환하는 발전 방식

03 전기 · 전자 발명품으로 알맞지 <u>않은</u> 것은?

① 전구　　　　　　　　　② 전자레인지
③ 텔레비전　　　　　　　　④ 물레방아

> **해설** 물레방아는 물의 힘을 이용해 바퀴를 돌려 곡식을 찧는 도구이다.

04 다음에서 설명하는 것은?

> 방송국에서 보내는 전파를 잡아 소리로 바꾸어 주는 기계

① 전구　　　　　　　　　② 전화기
③ 라디오　　　　　　　　　④ 전자레인지

05 전기 · 전자 용품을 사용하면서 발생할 수 있는 문제에 대한 설명으로 알맞지 <u>않은</u> 것은?

① 무리한 힘이나 충격을 가하면 고장이 날 수 있다.
② 가열·누전 등에 의해 화재 사고가 발생할 수 있다.
③ 외부로 노출된 전선에 의하여 감전 사고가 일어날 수 있다.
④ 전기·전자 용품 근처의 어항, 가습기 등은 화재를 예방한다.

> **해설** 전기·전자 용품 근처에 습기가 많게 되면 고장의 원인이 되며, 잘못하면 화재로 연결될 수도 있으므로 주의해야 한다.

06 냉장고에서 사용되는 전기를 절약하는 방법으로 알맞은 것은?

① 따뜻한 음식을 넣어 식힌다.

② 냉장고에 음식을 최대한 가득 채운다.

③ 냉장고 문을 자주 여닫지 않는다.

④ 온도를 최대한 낮추어 사용한다.

07 다음에서 설명하는 것으로 알맞은 것은?

> 돋보기로 글씨의 크기를 크게 할 수 있듯이 전기 신호를 크게 해 주는 전자 부품

① 저항   ② 콘덴서

③ 트랜지스터   ④ 스위치

① 수돗물의 양을 조절하는 수도꼭지처럼 전기의 흐름을 조절한다.

② 양동이에 물을 담아 두는 것과 같이 적은 양의 전기를 저장한다.

④ 회로를 작동시키거나 중지시킨다.

08 다음 중 납땜하는 방법을 순서대로 바르게 나열한 것은?

> ㉠ 땜납이 녹아 구리판에 붙으면 인두를 뗀다.
> ㉡ 접합 부분을 예열한다.
> ㉢ 땜납을 인두에 대고 녹인다.
> ㉣ 땜납이 적당량 녹으면 납땜을 기판에서 분리한다.

① ㉡ → ㉢ → ㉣ → ㉠   ② ㉡ → ㉣ → ㉢ → ㉠

③ ㉠ → ㉢ → ㉣ → ㉡   ④ ㉢ → ㉡ → ㉣ → ㉠

납땜하는 방법은 크게 '사전 준비, 예열하기, 땜납 녹이기, 인두 분리하기'로 분류된다.

09 다음에서 설명하는 도구로 알맞은 것은?

> 납땜을 잘못한 경우 납땜을 분리할 때 사용한다.

① 땜납   ② 니퍼

③ 납 흡입기   ④ 납땜 인두

① 전자 부품과 기판을 고정하거나 두 금속 재료를 접합할 때 사용
② 전자 부품의 리드선을 자를 때 사용
④ 땜납을 녹일 때 사용

10 납땜을 할 때 주의할 점으로 알맞은 것은?

① 납땜인두가 잘 예열되었는지 손으로 확인한다.

② 기판에 손을 올리고 작업을 한다.

③ 녹은 납이 옷에 묻지 않도록 한다.

④ 사용하지 않는 인두는 책상에 올려놓는다.

녹은 납은 매우 높은 온도로 위험하므로 옷이나 손에 묻지 않도록 주의한다.

chapter 12

동물과 함께하는 생활

제1절 생활 속의 동물

제2절 애완동물이나 경제동물 기르기

어느 누구도 과거로 돌아가서 새롭게 시작할 순 없지만
지금부터 시작하여 새로운 결말을 맺을 순 있다.
— 키를 바르트

제1절 생활 속의 동물

생활의 길잡이 생활 속에서 인간과 동물의 관계를 이해하고, 기르는 목적에 따라 동물의 종류와 특징을 알 수 있다.

(1) 인간과 동물의 관계

① 우리가 살아가는 데에 필요한 음식과 의류 등의 원료를 제공해 준다.

② 예로부터 힘든 농사일을 도와주었다.

③ 인류의 동반자로, 우리를 보호해 주기도 하고 친구처럼 같이 지낼 수 있다.

④ 질병 치료에 필요한 의약품 생산 과정에 이용되어 인간의 건강한 생활을 위해 기여하기도 한다.

> **잠깐**
> **반려 동물**
> • 가족의 한 사람이나 삶의 동반자로 생각하며 기르는 애완동물
> • 애완동물은 인간의 장난감이 아니며 더불어 사는 동물로서 우리에게 주는 여러 가지 혜택을 존중하여 지어진 명칭

(2) 기르는 목적에 따른 동물 분류

① 애완동물 : 사람이 행복과 즐거움을 얻기 위해 사랑을 가지고 키우는 동물이다.

② 경제동물 : 사람이 경제적인 이익을 얻기 위하여 키우는 동물이다.

③ 특수동물 : 특별한 목적에 맞게 키우기 위하여 생산되거나 수입하는 동물이다.

> **바로 확인**
> 애완동물은 기르는 목적에 따라 애완동물, (　)동물, 특수동물로 나눌 수 있다. (　)동물은 우리 생활에 유용한 생산물을 얻을 수 있는 동물이다.
> ....
> 경제

(3) 애완동물의 종류와 특징

① 애완동물 기르기

ㄱ 개념 : 집에서 가족이나 친구처럼 애정을 가지고 키우는 동물이다.

ㄴ 종류 : 개, 고양이, 새, 물고기, 햄스터, 토끼, 원숭이, 파충류, 곤충류 등

ㄷ 특징 : 작고 귀여우며 빛깔이나 몸집, 소리 등이 특이하거나 예뻐서 집안에서 키우기 좋다.

ㄹ 구입 시 유의사항

• 동물의 건강, 혈통, 가격, 환경 등을 고려해야 한다.

• 먹이 주는 법, 길들이기 등의 방법을 알아야 한다.

• 병균이나 털에 의한 알레르기가 생기지 않게 주의하여 길러야 한다.

> **애완동물을 기르는 방법 중 알맞지 <u>않은</u> 것은?**
>
> ❶ 기르다가 싫증나면 버린다.
> ② 생명체를 사랑으로 대한다.
> ③ 책임감을 가지고 기른다.
> ④ 친구나 가족처럼 대한다.
>
> ....
> ✿ 애완동물을 기르다가 싫증난다고 버리면 안 되고 사랑하는 마음으로 책임감을 가지고 길러야 한다.

• 애완동물을 기를 때 이웃에 피해를 주지 않도록 해야 한다.

• 질병관리를 위해 예방 접종을 하고 평소 주의 깊게 관찰하며, 질병 시에는 즉시 적절한 치료를 해야 한다.

• 애완동물은 하나의 생명체이므로 싫증난다고 버리거나 학대하는 등의 행위를 하지 않는다.

🌱 애완동물 관련 직업 : 수의사, 애견 미용사, 애완동물 관리사

 더 알아두기

애완동물과 산책 시 주의할 점

• 애완동물이 다른 사람에게 달려들거나 차도로 뛰어들지 못하도록 목줄을 맨다.

• 배설물을 처리할 도구를 가지고 다니며, 애완동물이 대변을 보면 도구에 담아 버린다.

• 공공장소에 애완동물을 데리고 들어가지 않는다.

ⓜ 애완동물을 기르면 좋은 점

- 마음의 안정을 얻을 수 있다.

- 언어 능력이 향상되기도 한다.

- 상대방에 대한 이해심, 책임감, 자립심 등을 키울 수 있다.

- 생명을 소중히 여기는 태도를 가지게 되어 가족 간의 사랑도 더 깊어질 수 있다.

ⓗ 강아지 기르기

- 종류 : 진돗개, 풍산개, 삽살개, 말티즈, 시츄, 요크셔테리어, 치와와 등

- 건강한 강아지의 특징

  - 코가 차갑고 촉촉하다.

  - 털이 윤기가 흐르고 매끄럽다.

  - 눈이 맑고 생기가 있으며 눈곱이 끼지 않는다.

  - 기운이 없거나 설사 등을 하지 않는다.

- 기르는 방법

  - 주인 말을 잘 따르도록 훈련을 시킨다.

  - 목욕 등 청결에 신경을 쓴다.

  - 외출 시 개줄과 배변 봉투를 챙긴다.

ⓢ 새 기르기

- 종류 : 십자매, 잉꼬, 카나리아, 앵무새 등

- 건강한 새의 특징

  - 깃털이 선명하고 윤기가 흐른다.

  - 먹이를 잘 먹고 움직임이 활발하다.

  - 발이 깨끗하고 안정감이 있다.

  - 웅크리거나 졸지 않는다.

- 기르는 방법

  - 새장은 늘 바람이 잘 통하는 곳에 둔다.

  - 털과 오물이 없도록 늘 청결하게 관리한다.

  - 여름에는 바람이 잘 통하는 곳에, 겨울에는 햇볕이 잘 드는 남향의 실내에 둔다.

(4) 경제동물의 종류와 특징

① 경제동물 : 생활에 필요한 식품이나 의류, 경제적 이익을 얻기 위해 기르는 가축을 뜻한다.

② 경제동물의 종류 및 사육 목적

가 축	사육 목적	가 축	사육 목적
소	고기, 가죽	젖소	우유
닭	고기, 달걀	돼지	고기, 가죽
양	고기, 가죽, 털	토끼	고기, 가죽, 털

🌱 경제동물과 관련 직업 : 축산업, 운송업, 축산 가공업, 수의사, 가축사, 애견 미용사 등

③ 경제동물의 특징 : 온순하고 기르기 쉬워야 하며 개량이 쉽고 개량된 특성이 자손으로 잘 유전되어야 한다.

④ 사육 방법 : 최근의 추세는 대규모 시설에서 집단적으로 사육된다.

바로 확인

꿀을 얻기 위한 경제동물은?

① 벌   ② 말
③ 오리   ④ 젖소

··

🐛 ② 말 : 가죽이나 털을 얻기 위한 경제동물
③ 오리 : 고기, 가죽, 털을 얻기 위한 경제동물

 더 알아두기

집단 사육으로 인한 문제점

집단 사육으로 동물의 배설물이 급격하게 증가되어 환경을 오염시키고, 동물의 면역력이 떨어져 항생제 사용이 늘고 있다.

잠깐

광우병
소에게 동물성 사료를 먹여서 감염되며, 소의 뇌 조직이 스펀지처럼 구멍이 뚫리는 치명적인 질병으로 알려져 있다.

⑤ 경제동물을 기르면 좋은 점 : 생활에 유용한 식품과 의류, 생활 용품, 의약품 등의 자원을 얻을 수 있다.

⑥ 닭 기르기

　　㉠ 사육 목적 : 고기나 달걀을 얻기 위해 기른다.

　　㉡ 닭장의 형태

　　　• 평면 닭장 : 평평한 바닥을 가진 닭장으로 넓은 장소에서 기를 때 알맞다.

　　　• 케이지 사 : 철망으로 칸을 나눈 닭장으로 좁은 장소에 많은 닭을 기를 때 적당하다. 이외에 무창 닭장, 완전 자동 닭장 등이 있다.

　　㉢ 사육 방법

　　　• 닭은 보통 생후 5~6개월이 지나면 알을 낳기 시작한다.

　　　• 고기로 이용되는 병아리는 약 6~7주까지 사육된 것이다.

　　　• 질병에 걸리면 전염력이 높고 산란도 급격히 떨어진다.

　　　• 조류 독감 등 전염병 예방을 위해 철저한 방역과 예방접종을 해야 한다.

⑦ 젖소 기르기

　　㉠ 우사나 넓은 초지에서 사육한다.

　　㉡ 질병 예방을 위해 평소에 철저한 방역을 해야 한다.

　　㉢ 소비자의 꾸준한 증가로 우유 및 유제품의 지속적인 발전이 기대된다.

제2절 애완동물이나 경제동물 기르기

생활의 길잡이 애완동물이나 경제동물을 기르는 방법을 알아보고, 실제로 길러 보면서 생명을 소중하게 여기는 태도를 가져 본다.

(1) 애완동물을 기르는 방법 주요

① 동물의 특성에 맞는 주거 공간을 준비한다.

② 정해진 사료를 먹인다.

③ 필요한 예방 접종을 한다.

④ 발육 상태와 건강 상태를 점검한다.

⑤ 규칙적인 운동과 훈련을 시킨다.

애완동물을 기를 때 마음가짐
- 애완동물 역시 소중한 생명체라는 생각을 갖는다.
- 수명이 다할 때까지 책임진다는 마음으로 기른다.

 **알아두기**

애완동물을 기르는 까닭

- 책임감을 길러 줄 수 있다.
- 여가의 취미 생활로 즐길 수 있다.
- 생명체에 대한 사랑을 느낄 수 있다.
- 스트레스를 해소하고 즐거운 마음을 갖게 해 준다.
- 사람들에게 가족과 같은 존재가 되어 마음의 안정을 준다.
- 애정의 대상이 되어 사람에게 신체적, 정신적으로 좋은 영향을 미친다.
- 실생활에 도움을 준다. 개는 도둑을 막아 주고, 고양이는 쥐를 잡아 준다. 맹인 안내견(맹도견)은 시각 장애인에게 도움을 준다.

(2) 경제동물을 기르는 방법

① 경제동물의 종류별 특성을 잘 알고 그에 알맞은 사육 환경을 만들어야 한다.

② 소, 말, 양과 같은 초식 동물에게는 풀을 먹이고 돼지나 닭은 곡식을 사료로 주는 등 동물의 종류에 알맞은 사료를 주어야 한다.

③ 정기적으로 축사를 소독하고 예방 주사를 맞혀야 한다.

④ 경제동물은 좁은 공간에서 많은 동물을 키우는 경우가 많으므로 병에 걸리거나 전염되기 쉽다. 따라서 환경을 항상 청결하게 유지해야 한다.

더 알아두기

경제동물 특성에 따른 분류

1. **크기에 따른 분류**
   - 큰 것 : 소, 말, 사슴 등
   - 중간 것 : 돼지, 염소, 양, 거위 등
   - 작은 것 : 닭, 칠면조, 오리, 토끼, 벌 등

2. **먹이에 따른 분류**
   - 풀을 주로 먹는 것 : 소, 토끼, 양, 염소, 말, 사슴 등
   - 곡물을 주로 먹는 것 : 닭, 돼지, 꿩 등
   - 육식을 하는 것 : 뱀장어

3. **사육 목적에 따른 분류**
   - 고기를 얻기 위하여 : 소, 돼지, 칠면조, 꿩, 뱀장어, 사슴, 염소, 토끼, 오리, 닭 등
   - 알을 얻기 위하여 : 닭, 오리 등
   - 가죽이나 털을 얻기 위하여 : 소, 양, 말, 사슴, 닭, 오리, 토끼 등

---

(3) 애완동물 또는 경제동물 기르기

① 개 기르기

　㉠ 일반적인 특성 : 귀엽고 사람의 말을 잘 따른다.

　㉡ 종류 : 몸집이 작은 치와와, 푸들, 시추 등과 몸집이 중간인 닥스훈트, 삽살개, 불테리어 등 그리고 몸집이 큰 진돗개, 풍산개, 불독, 셰퍼트 등

② 새 기르기

　㉠ 일반적인 특성 : 소리가 곱거나 모습이 아름답고 귀여우며, 어떤 것은 사람의 말을 흉내 내는 등 여러 가지 특징을 가지고 있다.

　㉡ 종류 : 앵무새, 카나리아, 잉꼬, 십자매, 호금조, 문조 등

③ 금붕어 기르기

　㉠ 일반적인 특성 : 모양과 색깔이 아름다울 뿐만 아니라 집에서도 물속생활을 관찰할 수 있는 기회를 가질 수 있으며 겨울철 실내 건조를 방지해주기도 한다.

　㉡ 종류 : 주문금, 난주, 단정, 화금, 경사출목금, 중천안 등

④ 닭 기르기

　㉠ 일반적인 특성 : 기르기 및 관리가 쉽고 세대교체가 빨라서 성장 과정을 잘 관찰할 수 있으며 고기와 달걀 등 생산물을 매일 얻을 수도 있다.

　㉡ 종류 : 토종닭, 레그혼, 브라마, 오골계, 미노르카, 뉴햄프셔 등

⑤ 토끼 기르기

　㉠ 일반적인 특성 : 집이나 학교에서도 쉽게 기를 수 있으며 가죽과 고기를 제공해 준다. 애완동물이나 실험동물로 길러지기도 한다.

　㉡ 종류 : 라이온헤드, 히말라얀, 더치, 렉스, 드워프, 롭이어 등

콕! 찍어주는 **핵심정리**

01 애완동물 기르기

개 념	집에서 가족이나 친구처럼 애정을 가지고 키우는 동물
종 류	개, 고양이, 새, 물고기, 햄스터, 토끼, 원숭이, 파충류, 곤충류 등
특 징	작고 귀여우며 빛깔이나 몸집, 소리 등이 특이하거나 예뻐서 집안에서 키우기 좋다.
기를 때 유의사항	• 먹이 주는 법, 길들이기 등의 방법을 알아야 한다. • 병균이나 털에 의한 알레르기가 생기지 않게 주의하여 길러야 한다. • 애완동물을 기를 때 이웃에 피해를 주지 않도록 해야 한다. • 질병관리를 위해 예방 접종을 하고 평소 주의 깊게 관찰하며, 질병 시에는 즉시 적절한 치료를 해야 한다. • 애완동물은 하나의 생명체이므로 싫증난다고 버리거나 학대하는 등의 행위를 하지 않는다.

02 종류별 애완동물 기르기

구 분	강아지	새
종 류	진돗개, 풍산개, 삽살개, 말티즈, 시츄, 요크셔테리어, 치와와 등	십자매, 잉꼬, 카나리아, 앵무새 등
고르는 법	• 코가 차갑고 촉촉하다. • 털이 윤기가 흐르고 매끄럽다. • 눈이 맑고 생기가 있으며 눈곱이 끼지 않는다. • 기운이 없거나 설사 등을 하지 않는다.	• 깃털이 선명하고 윤기가 흐른다. • 먹이를 잘 먹고 움직임이 활발하다. • 발이 깨끗하고 안정감이 있다. • 웅크리거나 졸지 않는다.

| 기르는 법 | •주인 말을 잘 따르도록 훈련을 시킨다.
•목욕 등 청결에 신경을 쓴다.
•외출 시 개 줄과 배변 봉투를 챙긴다. | •새장은 늘 바람이 잘 통하는 곳에 둔다.
•털과 오물이 없도록 늘 청결하게 관리한다.
•여름에는 바람이 잘 통하는 곳에, 겨울에는 햇볕이 잘 드는 남향의 실내에 둔다. |

03 경제동물 기르기

① 경제동물 : 생활에 필요한 식품이나 의류, 경제적 이익을 얻기 위해 집단적으로 기르는 가축을 말한다.

② 종류 : 소, 양, 닭, 염소, 토끼, 사슴, 돼지 등

③ 사육 목적

가 축	사육 목적	가 축	사육 목적
소	고기, 가죽	젖소	우유
닭	고기, 달걀	돼지	고기, 가죽
양	고기, 가죽, 털	토끼	고기, 가죽, 털

04 종류별 경제동물 사육하기

구 분	닭	젖 소
종 류	고기나 달걀을 얻기 위해 기른다.	우유 및 유제품을 얻기 위해 기른다.
사육법	•닭은 보통 5~6개월이 넘으면 알을 낳기 시작한다. •고기로 이용되는 병아리는 약 6~7주까지 사육된 것이다. •질병에 걸리면 전염력이 높고 산란도 급격히 떨어진다. •조류 독감 등 전염병 예방을 위해 철저한 방역과 예방접종을 해야 한다.	•우사나 넓은 초지에서 사육한다. •질병 예방을 위해 평소에 철저한 방역을 해야 한다. •소비자의 꾸준한 증가로 우유 및 유제품의 지속적인 발전이 기대된다.

실력 탄탄
단원마무리문제

01 애완동물을 기름으로써 얻을 수 있는 기쁨이 **아닌** 것은?

① 책임감

② 생명에 대한 사랑

③ 마음의 안정

④ 사행심

> 애완동물을 기를 때의 좋은 점은?
> ① 게을러진다.
> ② 돈이 많이 든다.
> ❸ 생명체에 대한 사랑을 느낀다.
> ④ 성격이 거칠어진다.
>
> 기출

애완동물을 키움으로써 생명체에 대한 사랑과 책임감을 기를 수 있다.

02 애완동물의 구입 시 옳지 **않은** 것은?

① 강아지 - 코가 마르지 않고 촉촉한 것

② 새 - 얌전히 웅크리고 앉아 조는 것

③ 물고기 - 비늘이 빠지지 않은 것

④ 햄스터 - 먹이를 잘먹고 털이 윤이 나는 것

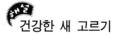
건강한 새 고르기

• 깃털이 선명하고 윤기가 흐른다.

• 먹이를 잘 먹고 움직임이 활발하다.

• 발이 깨끗하고 안정감이 있다.

• 웅크리거나 졸지 않는다.

03 새장 꾸미기를 할 때 고려하지 <u>않아도</u> 되는 것은?

① 모이통   ② 둥지

③ 물풀심기   ④ 횃대

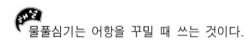

물풀심기는 어항을 꾸밀 때 쓰는 것이다.

04 다음 설명 중 <u>틀린</u> 것은?

① 소, 돼지, 칠면조 등은 주로 고기를 얻기 위해 기른다.

② 애완동물은 평소에 예방접종을 해주어야 한다.

③ 물고기의 먹이는 2~3분 이내에 먹을 수 있는 양을 준다.

④ 생활에 유용하거나 경제적 이익을 얻기 위해 기르는 가축이 애완동물이다.

④는 경제동물이고, 애완동물은 집에서 가족이나 친구처럼 애정을 가지고 키우는 동물을 말한다.

05 털을 얻기 위해 기르는 경제동물은?

① 양

② 돼지

③ 젖소

④ 칠면조

털과 고기를 얻기 위해 기르는 경제동물은 양
이다. 칠면조와 돼지는 고기, 젖소는 우유 등
유제품을 얻기 위해 사육된다.

우유를 얻기 위해 사육하는 경제동물은?

① 말   ② 토끼

③ 사슴   ④ 젖소

· ·

🐾 경제동물이란 생활에 유용한 식품, 의
류 등의 생산물을 얻기 위해 사육되는
동물을 말한다. 우유를 얻기 위해 사
육하는 경제동물은 젖소이다.

06 다음 중 가금류에 속하는 동물은?

① 닭, 오리, 꿩
② 소, 돼지, 염소
③ 너구리, 오소리, 다람쥐
④ 말, 낙타, 당나귀

가금류 : 닭, 칠면조, 오리, 거위, 꿩 등

07 동물이 인간에게 주는 이로운 점이 <u>아닌</u> 것은?

① 의존감을 키워 준다.
② 기르는 사람에게 즐거움을 준다.
③ 털과 가죽, 식량 등을 제공해 준다.
④ 가족이나 친구처럼 지내기도 한다.

상대방에 대한 이해심, 책임감, 자립심 등을 키울 수 있다.

08 다음 중 경제동물에 대한 설명으로 바른 것은?

① 애완동물이라고도 한다.
② 일반적으로 집 안에서 기른다.
③ 개, 고양이, 햄스터, 토끼 등이 속한다.
④ 종류에 따라 포유류, 조류, 어류로 나눌 수 있다.

①, ②, ③은 애완동물에 관한 설명이다.

09 다음 중 애완동물로 기르기에 가장 적합한 것은?

① 소   ② 말

③ 개   ④ 돼지

 소, 말, 돼지 등은 경제동물로, 애완동물로 기르기엔 적합하지 않다.

10 다음 중 경제동물에 해당하는 것은?

① 젖소   ② 고양이

③ 고슴도치   ④ 햄스터

경제동물이란 생활에 필요한 식품이나 의류, 경제적 이익을 얻기 위해 기르는 가축으로 소, 닭, 양, 돼지 등이 속한다.

11 애완동물을 기를 때 주의할 점으로 알맞은 것은?

① 사진을 많이 찍어준다.

② 운동을 조금만 시켜준다.

③ 사랑과 정성을 다해 기른다.

④ 먹이를 가능한 한 많이 준다.

애완동물은 사람들에게 가족과 같은 존재가 되어 마음의 안정을 주므로 사랑과 정성을 다해 기른다.

12 애완동물을 기를 때 좋은 점을 잘못 설명한 것은?

① 생명의 소중함을 알게 된다.

② 애완동물을 통하여 마음의 안정을 얻을 수 있다.

③ 상대방에 대한 이해심, 책임감, 자립심 등을 키울 수 있다.

④ 싫증이 나면 언제든지 키우던 애완동물을 버리고 다른 동물로 바꿀 수 있다.

애완동물 역시 소중한 생명체라는 생각을 가지고 수명이 다할 때까지 책임진다는 마음으로 사랑과 정성을 다해 기른다.

13 다음에서 설명하는 경제동물은?

- 시각과 청각이 매우 발달하여 잘 놀라며 쪼는 습성이 있다.
- 알에서 21일 정도면 깨어나고 새끼는 추위에 약해 27~32℃ 정도로 보온을 해 주어야 한다.
- 고기를 얻기 위한 것은 6~7주 정도 사육해야 한다.

① 소   ② 벌

③ 닭   ④ 돼지

닭은 기르기 및 관리가 쉽고 세대교체가 빨라서 성장 과정을 잘 관찰할 수 있으며 고기와 달걀 등 생산물을 매일 얻을 수도 있다.

14 경제동물을 기를 때 주의할 점으로 알맞은 것은?

① 운동을 조금만 시켜준다.

② 전염병에 걸리기 쉬우므로 가두어 기른다.

③ 최고의 시설과 비싼 사료만 준비한다.

④ 기르는 목적에 맞는 품종을 선택한다.

술술 풀리는 초등 실과

- 경제동물의 종류별 특성을 잘 알고 그에 알맞은 사육 환경을 만들어야 한다.
- 소, 말, 양과 같은 초식 동물에게는 풀을 먹이고 돼지나 닭은 곡식을 사료로 주는 등 동물의 종류에 알맞은 사료를 주어야 한다.
- 정기적으로 축사를 소독하고 예방 주사를 맞혀야 한다.
- 경제동물은 좁은 공간에서 많은 동물을 키우는 경우가 많으므로 병에 걸리거나 전염되기 쉽다. 따라서 환경을 항상 청결하게 유지해야 한다.

15 동물이 인간에게 주는 이로움 중 경제동물에 관련된 것이 <u>아닌</u> 것은?

① 교통 및 운반 수단으로 이용할 수 있다.
② 보는 즐거움을 준다.
③ 음식이나 의복에 이용된다.
④ 신약 개발에 도움을 준다.

심리적인 도움을 주거나 마음의 안정을 주는 것은 애완동물에 관한 것이다.

인터넷과 정보

하루하루가 현명한 사람에게는 새로운 삶이다.
오늘은 절대로 다시 오지 않는다는 것을 기억하라!
– 단테 알리기에리

13장

술술 풀리는
초등 실과

chapter 13 인터넷과 정보

제1절 정보의 탐색과 선택

생활의 길잡이 인터넷상에 있는 수많은 정보를 효율적으로 탐색하고 유용한 정보를 선택할 수 있는 능력을 기르도록 한다.

(1) 정보의 탐색 방법

① 인터넷 사이트의 주소를 정확히 알고 있을 경우

　㉠ 웹 브라우저의 주소창에 직접 입력한다.

　㉡ 영문 주소가 아닌 한글 주소를 입력할 수 있는 사이트도 있다.

② 인터넷 사이트의 주소를 정확히 모를 경우

　㉠ 자주 사용하는 검색 엔진에 주제어(키워드)를 입력한다.

　㉡ 카테고리 또는 '가나다순'의 검색 방법을 이용한다.

　㉢ 찾으려고 하는 인터넷 사이트의 주소를 알려 주는 포털 사이트를 이용한다.

> **잠깐**
>
> **웹 브라우저**
> 인터넷을 검색할 때 글, 그림, 소리 등의 정보를 얻기 위하여 사용하는 프로그램
> **예** 익스플로러, 파이어폭스 등

> **정보 검색 방법**
> 인터넷을 사용하려면 웹 브라우저를 설치한다.
>
> **인터넷에서 정보 검색 방법**
> • 주소창에 직접 웹 사이트 주소를 입력한다.
> • 검색창에 주제어를 입력한다.
>
> **즐겨찾기**
> 인터넷 사이트의 주소를 외울 필요 없이 즐겨찾기에 추가해 놓으면 다시 검색하지 않아도 원하는 인터넷 사이트로 들어갈 수 있다.

(2) 효율적인 정보의 탐색

① 내가 얻고자 하는 정보가 무엇인지 정확히 알아야 한다.

② 검색 엔진의 검색창에 정확한 주제어(검색어)를 입력한다.

③ 주제어가 여러 개일 경우에는 검색 연산자를 적절하게 활용한다.

(3) 다양한 인터넷 사이트 활용

① 인터넷 사이트의 종류 : 인터넷 신문, 인터넷 방송, 전자도서관, 자료실 사이트, 교육 포털 사이트, 학교 누리집 등

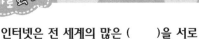

인터넷은 전 세계의 많은 (　　)을 서로 연결해 놓고 정보를 찾고 주고받는 컴퓨터 (　　)을 말한다.

망, 컴퓨터

② 인터넷 정보 탐색의 장점과 단점

장 점	• 쉽고 빠른 정보의 탐색이 가능함 • 최신 정보를 얻을 수 있음 • 다른 정보 탐색 방법에 비하여 탐색한 정보의 수집이나 편집이 자유로움 • 유용한 정보를 공유하는 데 유리함
단 점	• 정보의 신뢰성이나 정확성이 부족함 • 인터넷 의존도가 높아짐 • 정보의 출처를 밝히지 않고 사용하기도 함

 더 알아두기

검색 엔진의 기능

• 검색 진행 : 이용자가 직접 검색을 통해 원하는 정보를 찾을 수 있도록 도와준다.

• 정보 수집 : 로봇 프로그램을 이용해 인터넷에 있는 정보를 수집한다.

• 기타 부가 서비스 : 검색 기능 외에 헤드라인 뉴스, 번역 서비스, 지리 정보 등 부가적인 정보를 제공한다.

(4) 정확하고 믿을 만한 정보를 얻기 위해 고려할 점

① 정보의 출처 확인 : 인터넷에서 정보를 검색할 때에는 반드시 정보의 출처를 확인하고, 가져온 정보를 이용할 때에도 반드시 출처를 밝혀야 한다.

② 정보의 최신성 확인 : 인터넷의 정보는 계속 갱신되므로 최근에 올라온 정보를 선별해서 활용해야 한다.

③ 정보의 신뢰성 확인 : 인터넷에 제시된 정보 중에는 정확한 내용도 있지만 그렇지 않은 것도 많이 있다. 따라서 검색한 정보를 신뢰할지는 정보의 내용과 제공자, 정보를 작성한 시간 등을 종합적으로 고려해서 판단해야 한다.

인터넷 정보의 (   )은 그 정보가 작성된 날짜와 게시된 날짜를 살펴보고 알 수 있다.

정최신성

인터넷 정보의 출처 표기 방법
정보의 검색이나 주제, 작성 일시, 사이트명 등을 제시하고 특히 자료를 직접 살펴볼 수 있는 정확하고 구체적인 사이트 주소를 적어야 한다.

제2절 정보를 활용한 생활

생활의 길잡이 가족이나 친구들과 함께할 수 있는 다양한 활동에 관한 정보를 인터넷을 활용하여 수집하고 컴퓨터로 작성하여 활용해 보자.

(1) 인터넷 정보를 이용한 편리한 생활

① 인터넷 서점에서 보고 싶은 책을 찾아본다.

② 인터넷 예매 사이트에서 영화 상영 시간표를 알아본다.

③ 기상청 누리집을 통하여 내일의 날씨를 알아본다.

④ 지하철 안내 사이트를 이용하여 지하철 노선을 확인한다.

 알아두기

인터넷 정보 활용 과정

1. 1단계 : 자료 수집
   • 활동 주제 및 필요한 정보를 정한다.
   • 정보를 검색하여 필요한 정보를 선택한다.
   • 활동하면서 기록한 메모나 사진 등의 자료를 수집한다.

2. 2단계 : 정보 가공
   • 수집한 자료를 이용해 문서를 작성한다.
   • 글, 사진, 그림 등을 이용한다.

3. 3단계 : 정보의 전달과 공유
   • 인터넷을 통해 문서를 다른 사람에게 전달한다.
   • 홈페이지, 블로그, 전자 우편 등 여러 가지 방법이 있다.

(2) 인터넷 정보를 이용하여 현장 체험 학습 보고서 만들기

① 주제 정하기 : 현장 체험 학습 보고서를 만들기 위한 주제를 의논하고 발표한다.

② 차례 정하기 : 보고서에 들어갈 내용을 결정한다.

③ 정보 검색 : 인터넷 정보를 이용하여 현장 체험 학습 보고서에 삽입할 자료를 수집한다.

④ 필요한 컴퓨터 프로그램 정하기 : 수집한 여러 자료를 바탕으로 현장 체험 학습 보고서를 만들고 발표하기 위하여 어떠한 프로그램을 이용하는 것이 좋을지 결정한다.

    ㉠ 워드프로세서 프로그램 : 문서를 작성한다.

    ㉡ 프레젠테이션 프로그램 : 발표 자료를 만든다.

    ㉢ 사진 및 동영상 편집 프로그램 : 사진이나 동영상을 목적에 맞게 만들거나 수정한다.

> **이것만은 꼬~옥**
>
> **컴퓨터를 이용해 관련 정보를 얻는 방법**
> • 검색 엔진과 포털 사이트를 이용해 정보를 검색한다.
> • 관련 홈페이지를 방문해 정보를 수집한다.
> • 관련 카페나 블로그 등에 가입하여 정보를 수집한다.

(3) 보고서를 공유하고 발표하기

① 전자 우편을 통하여 정보를 공유할 때의 장점

    ㉠ 정보를 바르고 쉽게 전달할 수 있다.

    ㉡ 비용을 치르지 않고도 정보의 전달이나 교환이 이루어진다.

    ㉢ 멀리 떨어져 있는 사람과 정보를 전달하거나 교환하는 것이 자유롭다.

    ㉣ 일정 기간 보관할 수 있고 정리나 삭제가 편리하다.

    ㉤ 상대방이 수신하였는지 확인할 수 있다.

 **더 알아두기**

1. **전자 우편과 일반 우편의 공통점**
   - 주소로 받는 사람에게 전달된다.
   - 보내는 사람과 받는 사람이 있다.
   - 멀리 있는 사람과 소식을 주고받는다.

2. **전자 우편과 일반 우편의 차이점**
   - 전자 우편은 전자 우편 주소를 쓰고 일반 우편은 실제로 살고 있는 곳의 주소를 쓴다.
   - 전자 우편은 시간의 제약을 받지 않고 아무 때나 보낼 수 있다.
   - 전자 우편은 같은 내용의 편지를 동시에 여러 사람에게 손쉽게 보낼 수 있다.
   - 전자 우편은 컴퓨터가 있어야 보낼 수 있다.
   - 거리에 관계없이 전달 속도가 빠르다.
   - 일반 우편은 우표를 붙여야 하고 비용이 드는데 전자 우편은 비용이 들지 않는다.
   - 일반 우편은 실제로 물건을 주고받는다.

② 학급 누리집이나 개인 블로그를 이용하여 정보를 공유할 때의 장점

  ㉠ 정보를 공유하는 데 있어 시간과 장소의 제약을 덜 받는다.

  ㉡ 정보의 전달 및 전파 속도가 빠르다.

  ㉢ 정보가 원본 그대로 전달되며 편집과 수정 및 업그레이드가 쉽다.

 **이것만은 꼬~옥**

정보 전달 방법의 특징
- 블로그, 카페
  - 자료가 계속 업데이트되기 때문에 자주 확인한다.
  - 자료가 올라 있다는 사실을 상대방에게 알려야 한다.
- 메신저 : 상대방과 동시에 접속해야 하기 때문에 대화 상대로 등록되어야 보낼 수 있다.

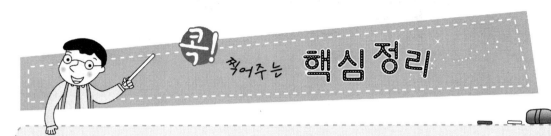

콕! 찍어주는 핵심정리

01 **인터넷**은 전 세계에 있는 많은 컴퓨터 통신망을 서로 연결한 세계 최대의 통신망이다.

02 인터넷의 사용을 위해서는 컴퓨터를 통신망에 연결하고 정보를 찾을 수 있도록 도와주는 프로그램인 **웹브라우저**를 설치한다.

03 인터넷 정보 탐색의 장점과 단점

장 점	• 쉽고 빠른 정보의 탐색이 가능함 • 최신 정보를 얻을 수 있음 • 다른 정보 탐색 방법에 비하여 탐색한 정보의 수집이나 편집이 자유로움 • 유용한 정보를 공유하는 데 유리함
단 점	• 정보의 신뢰성이나 정확성이 부족함 • 인터넷 의존도가 높아짐 • 정보의 출처를 밝히지 않고 사용하기도 함

 **알아두면 점수 따는 이야기**

인터넷의 영향으로 변화된 우리의 생활 모습

• 전자 우편으로 다른 사람과 쉽고 빠르게 편지를 주고받을 수 있다.
• 필요한 정보를 실시간으로 검색하여 활용할 수 있다.
• 인터넷을 통하여 제품을 사고 팔 수 있다.
• 은행에 가지 않고 금융 기관이나 카드 회사 등과 거래할 수 있다.
• 멀리 떨어져 있는 사람들과 화상으로 회의를 할 수 있다.
• 온라인으로 영화, 사진, 문서 등을 전송할 수 있다.
• 게시판에 정보를 올려 온라인에서 정보를 공유할 수 있다.
• 가보고 싶은 여행지에 대해 인터넷으로 사전 답사할 수 있다.

실력 탄탄
단원 마무리 문제

01 다음 빈칸에 알맞은 것은?

전 세계의 통신망을 하나로 연결해 놓은 거대 통신망을 (   )(이)라고 한다.

① 회로　　　　　　　　　　② 데이터
③ 인터넷　　　　　　　　　　④ 슬라이드

인터넷 : 전세계의 많은 통신망을 서로 연결해 놓은 세계 최대의 통신망

02 인터넷에서 정보를 얻을 수 있는 방법에 대한 설명으로 옳은 것은?

① 지식 검색에서 얻는 정보가 가장 정확하다.
② 인터넷 자료실에는 악성 댓글과 신뢰성이 낮은 정보만 있다.
③ 검색 엔진을 활용하면 다양한 검색어를 이용하여 정보를 찾을 수 있다.
④ 인터넷 신문에는 특정 주제에 대한 기사 검색이 불가능하다.

효율적인 정보의 탐색
• 내가 얻고자 하는 정보가 무엇인지 정확히 알아야 한다.
• 검색 엔진의 검색창에 정확한 주제어(검색어)를 입력한다.
• 주제어가 여러 개일 경우에는 검색 연산자를 적절하게 활용한다.

정답 01 ③　02 ③

03 다음은 인터넷을 이용한 정보 탐색 방법 중 어떤 것에 대한 설명인가?

> 관련 정보가 종합적으로 정리되어 있어 편리하게 정보를 탐색할 수 있다.

① 블로그　　　　　　　　　　② 넷월드
③ 포털 사이트　　　　　　　　④ 게임 사이트

해설 포털 사이트 : 인터넷 사용자가 원하는 특정 정보를 체계적으로 정리한 사이트

04 인터넷에서 정보를 얻을 때 고려해야 할 점으로 <u>잘못된</u> 것은?

① 출처가 제시된 정보를 선택하도록 한다.
② 정보는 계속 변하므로 가장 최신의 정보를 선택한다.
③ 다른 사람의 정보를 가져올 때 출처를 밝히지 않고 자신이 만든 것처럼 올려도 된다.
④ 믿을 만한 사람이나 기관에서 검증된 자료인지 판단해야 한다.

해설 인터넷에서 정보를 검색할 때에는 반드시 정보의 출처를 확인하고, 가져온 정보를 이용할 때에도 반드시 출처를 밝혀야 한다.

05 친구들과 함께 찍은 사진을 공유하는 방법으로 적절하지 <u>않은</u> 것은?

① 사진이 필요한 친구들에게 메일을 보낸다.
② 메신저를 이용하여 친구들에게 사진을 보내준다.
③ 카페나 자신의 블로그에 올린 후 친구들에게 알려 친구들이 공유할 수 있도록 한다.
④ 사진을 보고 자신이 직접 손으로 그려 반에 있는 모든 친구들에게 준다.

06 전자 우편에 대한 설명이 옳은 것은?

① 첨부 파일을 전자 우편으로 상대방에게 보내는 것은 불가능하다.

② 큰 용량의 파일을 보내려면 돈이 많이 든다.

③ 메일을 보내면 1시간 후에 상대방이 확인할 수 있다.

④ 상대방의 주소를 꼭 알아야 보낼 수 있다는 단점이 있다.

① 첨부 파일을 전자 우편으로 상대방에게 보내는 것은 가능하다.
② 큰 용량의 파일을 보내도 따로 돈이 들지 않는다.
③ 메일을 보내면 잠시 후 상대방이 바로 확인할 수 있다.

07 다음 중 인터넷 정보 검색의 장점이 <u>아닌</u> 것은?

① 인터넷 의존도가 높아진다.

② 최신 정보를 얻을 수 있다.

③ 쉽고 빠른 정보의 탐색이 가능하다.

④ 유용한 정보를 공유하는 데 유리하다.

인터넷의 의존도가 높아지는 것은 인터넷 정보 검색의 단점이다.

일과 진로

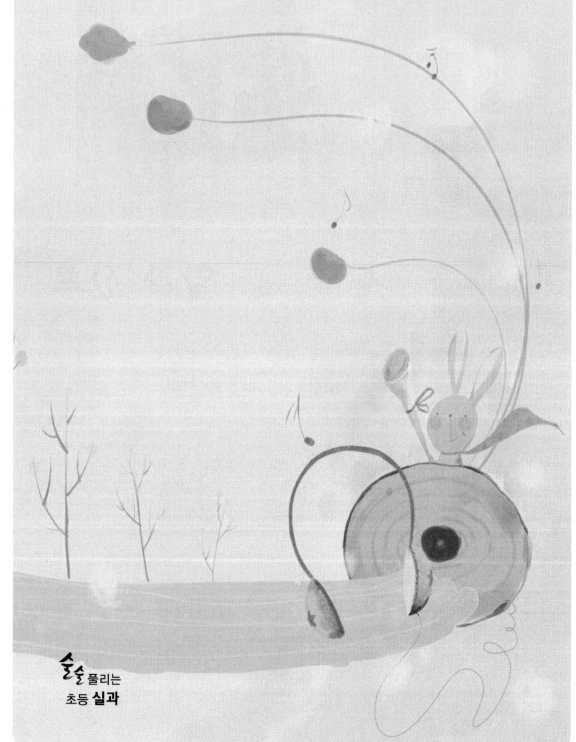

길을 모르면 물으면 될 것이고, 길을 잃으면 헤매면 그만이다.
중요한 것은 나의 목적지가 어디인지 늘 잊지 않는 마음이다.
                                                          – 한비야

술술풀리는
초등 실과

chapter 14

일과 진로

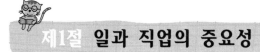

제1절 일과 직업의 중요성

생활의 길잡이 우리 생활에서 일과 직업은 어떤 의미가 있으며 왜 중요한지 알아보고, 여러 가지 일과 직업으로서의 일의 중요성을 알아본다.

(1) 일과 직업의 의미와 중요성

① 일의 의미 : 일이란 생산적인 결과를 얻거나 남을 위해 봉사하는 것이다.

일의 뜻	직 업
사람들이 어떤 가치를 창조하기 위해 하는 육체적·정신적 활동	수입, 즉 댓가를 목적으로 하는 일

② 직업의 의미

　㉠ 일의 대가로 돈을 받는 것을 직업이라고 한다.

　㉡ 우리는 직업을 통해서 자아실현을 이루어 간다.

③ 직업을 갖는 이유

　㉠ 경제적 이유

　㉡ 자아 실현이나 안정을 얻기 위해

> **잠깐**
> **일을 통해서 얻을 수 있는 것**
> • 자기의 실력을 높일 수 있다.
> • 다른 사람을 돕는다는 보람을 느낄 수 있다.
> • 취미 활동을 통해 즐거움을 느낄 수 있다.
> • 일의 대가로 소득을 얻는다.

ⓒ 다른 사람들을 위한 봉사 → 삶의 보람

ⓔ 국가와 사회에 대한 봉사

④ 직업에 대한 가치관

　ⓐ 직업에는 귀천(좋은 직업, 나쁜 직업, 귀한 직업, 천한 직업)이 없다는 것을 안다.

　ⓑ 내가 좋아서 하고 만족하며 사회를 위하여 값진 일을 한다면 훌륭한 직업이다.

직업을 선택할 때 가장 고려해야 할 점은?
① 아무 직업이나 선택한다.
② 직업 찾기가 힘들면 포기한다.
③ 부모님이 원하는 직업을 선택한다.
❹ 자신의 적성, 성격, 흥미를 고려한다.

　ⓒ 자신의 흥미, 적성, 소질, 능력 등을 고려한 직업이어야 한다.

⑤ 직업의 상호 관련

　ⓐ 사회가 발달할수록 직업이 다양해지고 전문화된다.

　ⓑ 직업이나 일들끼리의 도움을 필요로 한다.

　　🎁 그러므로 내가 하는 일은 다른 사람에게 도움을 주며, 다른 사람의 직업도 나에게 중요한 의미를 갖는다.

(2) 가정의 일과 직업의 관계

① 가정에서의 일과 직장에서의 일이 균형과 조화를 이룬 경우 : 가정생활에서는 가족들이 각자 해야 할 일을 미리 정하고 이를 나누어 함으로써 가족 간의 행복이 돈독해지고 더 나아가 직장에서의 일도 잘 풀린다.

② 가정에서의 일과 직장에서의 일이 균형과 조화를 이루지 못한 경우 : 가정이나 직장의 일 중 어느 것을 소홀히 하거나 또는 한쪽에 치우치면 문제가 생기고 마음도 불편하여 일의 능률이 오르지 않는다.

• **직업을 통해 가정생활이 얻는 혜택**
직업을 통해 소득을 얻어 안정된 가정생활을 하고, 가족들은 활력을 얻어 여러 가지 일을 할 수 있다.
• **가정의 일을 통해 직업활동이 얻는 혜택**
가족들로부터 안정과 활력을 얻고, 식사와 휴식 등을 할 수 있도록 하여 힘을 재충전할 수 있다.

(3) 직업의 분류

직업은 산업의 종류, 직업에서 수행하는 일의 특성, 종사자에게 필요한 전문 능력 등에 따라 분류할 수 있다.

진로를 계획하기 위하여 자신에 대해 알아보기 위해서는 나의 성격과 흥미, 적성 등 자신의 (   )을 파악해야 한다.

....

① 생활을 편리하게 해 주는 직업 : 버스 운전사 등

② 우리의 생명과 재산을 지켜 주는 직업 : 의사, 경찰관, 소방관 등

③ 어려운 사람을 도와주는 직업 : 사회복지사 등

직업의 특성 이해

1. 필요한 자격

원하는 직업에 종사하려면 필요한 자격이 무엇인지 알아 본다. 특별한 자격 조건이 없는 직업도 있지만, 자격 시험에 합격해야 하거나 일정 기간의 경력 등이 필요한 직업도 있다.

2. 하는 일

구체적으로 어떤 일을 하는 지 조사하고 자신의 적성과 흥미에 맞는 일인지 따져본다.

3. 전 망

자신의 꿈을 실현할 수 있는 직업인지 그리고 발전 가능성이 있는 직업인지 조사한다.

제2절 나의 미래와 진로

생활의 길잡이 여러 가지 활동과 검사를 통해 자신의 흥미와 적성을 알아보고, 자신에게 적합한 미래 직업 세계를 탐색하여 진로를 계획해 본다.

(1) 나의 특성 알아보기 종요

특 성	개 념
흥 미	어떤 일이나 대상을 좋아하거나 좋아하지 않는 정도로서 어떤 일을 특히 좋아하는 성향
적 성	어떤 분야에서 성공할 수 있는 잠재 능력 또는 소질
성 격	개인이 가지고 있는 독자적인 행동 양식을 말하는 것으로, 각 개인의 특유한 감정, 의지, 행동 등의 경향

나의 특성을 알아볼 수 있는 방법

- 주변 사람들에게 나에 대해 들어 보기
- 자신에 대하여 객관적으로 생각해 보기
- 객관적인 검사를 통하여 알아보기

(2) 나의 흥미와 적성에 맞는 미래 직업

① 직업 세계의 변화 알아보기

직업관
- 개인이 직업에 대해 가지고 있는 태도나 가치관을 말한다.
- 맡은 일에 최선을 다하며 자신의 일을 자랑스럽게 여기는 것이 건전한 직업관이다.

㉠ 산업 혁명 이후 육체노동을 상징하는 블루칼라와 사무·서비스 직군을 상징하는 화이트칼라로 나뉘었다.

㉡ 정보 기술의 발달로 다양하고 전문화된 지식을 갖춘 지식 근로자가 주목받는 골드칼라 시대가 되었다.

㉢ 다양한 환경 문제가 대두되면서 친환경 산업과 관련된 그린칼라가 새롭게 떠오르고 있다.

② 미래에 유망한 직업 알아보기

㉠ 생활 수준의 향상과 주5일 근무제의 실시로 여가 생활과 관련된 문화 관광

산업 관련 직업이 성장할 것이다.

ⓛ 평균 수명이 연장되면서 행복한 노후 생활을 위한 실버 사업과 관련된 직업이 늘어날 것이다.

ⓒ 여성의 섬세함을 필요로 하는 보육 관련 직업이 증가할 것이다.

> **참깐**
> • 미래에 생길 수 있는 직업 : 휴대용 산소 판매업, 우주 여행업 등
> • 여러 가지 새로운 직업 : 커리어 코치, 애견 훈련사, 네이미스트, 하우스 매니저, 건강관리사 등
> ☜ 네이미스트 : 기업의 의뢰로 판매할 제품의 이름을 짓는 사람

 더 알아두기

흥미, 적성과 직업의 관계

• 흥미 있는 직업을 선택하면 일을 할 때 만족스럽고 적응을 잘하며, 업무 수행 능력도 뛰어나게 된다.

• 여러 일이나 활동을 반복하여 함으로써 적성과 흥미 등을 확인할 수 있다.

• 자신에게 맞는 일을 할 때 더욱 재미있고, 만족스러우며 성공할 가능성이 많다.

③ 진로 계획을 세울 때 고려할 점

㉠ 자신이 좋아하는 일을 선택한다.

ⓛ 자신이 잘 할 수 있는 일을 선택한다.

ⓒ 부모님과 선생님 등 사회 경험이 풍부한 주변 사람에게 조언을 구한다.

㉣ 자신의 적성, 흥미 등을 알고 알맞은 직업을 선택한다.

 **알아두면 점수 따는 이야기**

직업인들을 여러 가지 특성에 따라 분류하기

• **전문직** : 해당 분야에 대한 전문적인 능력과 자격이 필요하다. 　예 과학자, 건축가, 의사, 약사, 교사, 변호사 등

• **농업 및 어업직** : 농업 및 어업에 관한 지식과 경험이 필요하다. 　예 농부, 어부, 사육사, 원예사 등

• **단순 노무직** : 특별한 능력이나 기술이 필요하지 않다. 　예 청소원, 경비원, 배달원 등

• **서비스직** : 해당 업무에 관한 지식이나 경험을 쌓아야 한다. 　예 미용사, 요리사, 웨이터, 승무원 등

• **사무직** : 해당 업무에 관한 지식이 필요하다. 　예 은행원, 행정 공무원, 일반 사무원 등

• **기술직** : 관련 기술을 습득해야 한다. 　예 금속, 기계, 전기전자, 섬유, 정비 등의 기술을 보유한 근로자

콕! 찍어주는 핵심정리

01 **일**이란 생산적인 결과를 얻거나 남을 위해 봉사하는 것이다.

02 일을 통해서 얻을 수 있는 것

① **자기의 실력**을 높일 수 있다. ② 다른 사람을 돕는다는 **보람**을 느낄 수 있다.

③ 일의 대가로 **소득**을 얻는다. ④ **취미** 활동을 통해 즐거움을 느낄 수 있다.

03 나의 특성 알아보기

특 성	개 념	나의 특성을 알아볼 수 있는 방법
흥 미	어떤 일이나 대상을 좋아하거나 좋아하지 않는 정도로서 어떤 일을 특히 좋아하는 성향	• 주변 사람들에게 나에 대해 들어보기
적 성	어떤 분야에서 성공할 수 있는 잠재 능력 또는 소질	• 자신에 대하여 객관적으로 생각해 보기
성 격	개인이 가지고 있는 독자적인 행동 양식을 말하는 것으로, 각 개인의 특유한 감정, 의지, 행동 등의 경향	• 객관적인 검사를 통하여 알아보기

04 **표준화검사**는 학생 개인의 적성과 흥미를 알아보는 검사로 적성에 맞는 진학, 직업에 대한 중요 정보를 제공하여 학생 개인의 진로 지도에 활용할 수 있다.

05 직업을 갖는 이유

① 경제적인 이유 ② 다른 사람들에게 봉사함으로써 삶의 보람을 찾음

③ 국가와 사회에 대한 봉사 ④ 자아 실현이나 인정을 얻기 위해

06 직업의 상호 관련

사회가 발달할수록 직업이 다양해지고 전문화되면서, 직업이나 일들은 서로 상호 관련을 갖게 되어 내가 하는 일은 다른 사람에게, 다른 사람이 하는 일은 나에게 중요한 의미를 갖게 된다.

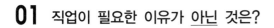

실력 탄탄
단원 마무리 문제

---

01 직업이 필요한 이유가 <u>아닌</u> 것은?

① 경제적 이득

② 자아 실현과 인정

③ 다른 사람에게 봉사

④ 사회적인 명성

사람이 직업을 가지는 이유는 경제적 이유뿐만 아니라 내가 하고 싶은 일을 하면서 스스로 나를 알고, 다른 사람들로부터 나를 인정받을 수 있기 때문이다. 또 여러 사람들을 위하여 봉사함으로써 삶의 보람을 찾고, 직업을 통해 사회에 이바지한다.

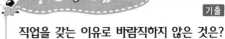

`기출`

직업을 갖는 이유로 바람직하지 <u>않은</u> 것은?

① 사회활동을 하기 위해서

② 사회에 봉사하기 위해서

③ 자아를 실현하기 위해서

❹ 다른 사람을 이기기 위해서

직업을 갖는 이유
- 경제적 이유
- 자아실현이나 안정을 얻기 위해
- 다른 사람들을 위한 봉사
  → 삶의 보람
- 국가와 사회에 대한 봉사

---

02 사회가 발전하려면 어떻게 해야 하는가?

① 남의 일에는 간섭하지 않는다.

② 돈버는 일에만 열심히 한다.

③ 각자 자기 일을 열심히 한다.

④ 사회적 명성에만 열중한다.

우리 사회는 많은 직업인들이 직장에서 각자 자기 일을 열심히 함으로써 발전해 나갈 수 있다.

---

03 기술을 바르게 활용함으로써 훌륭한 결과를 만들어 내는 사람은?

① 해산물을 양식하는 어민

② 학교 선생님이나 의사

③ 도로를 놓고 건물을 짓는 사람

④ 은행에서 일하는 사람

 ③ 숙련된 기술을 가지고 일하는 직업

① 육체 노동을 하는 직업

②, ④ 정신 노동을 하는 직업(많은 지식을 바탕으로 하는 직업)

04 다음 ㉠에 들어갈 알맞은 말은?

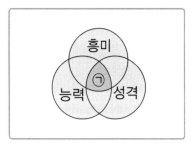

① 직업

② 소질

③ 취미

④ 적성

직업에 대한 적성을 나타낸 표로써, 직업은 그 사람의 흥미, 능력, 성격 등에 맞아야 한다.

05 가정과 직업의 관계에 대한 설명으로 옳지 <u>않은</u> 것은?

① 가정에서 가족 간의 화목이 직업에 영향을 끼친다.

② 일이 무엇보다 우선이고 가족을 맨 나중에 생각해도 된다.

③ 가정에서 휴식과 식사를 할 수 있어 직업에 활기를 갖게 한다.

④ 행복한 가정을 이루기 위해서 가정의 일과 직업이 균형을 이루어야 한다.

해설 가정의 일과 직업의 관계

- 가정에서의 일과 직장에서의 일이 균형과 조화를 이룬 경우 : 가정생활에서는 가족들이 각자 해야 할 일을 미리 정하고 이를 나누어 함으로써 가족 간의 행복이 돈독해지고 더 나아가 직장에서의 일도 잘 풀린다.
- 가정에서의 일과 직장에서의 일이 균형과 조화를 이루지 못한 경우 : 가정이나 직장의 일 중 어느 것을 소홀히 하거나 또는 한쪽에 치우치면 문제가 생기고 마음도 불편하여 일의 능률이 오르지 않는다.

06 직업을 통해서 우리가 얻을 수 있는 것에 대한 설명으로 옳지 <u>않은</u> 것은?

① 경제적으로 보상을 받을 수 있다.

② 직업을 통하여 사회에 봉사를 할 수 있다.

③ 직업을 통하여 자기의 꿈을 이룰 수 있다.

④ 평소보다 여유롭고 평화로운 휴식 시간을 가질 수 있다.

07 일과 직업에 대한 설명으로 옳지 <u>않은</u> 것은?

① 직업은 경제적인 보상을 받는다.

② 직업을 통해서 자아실현을 할 수 있다.

③ 가정의 일과 직업은 서로 관계없는 일이다.

④ 직업이란 일을 하면서 소득을 얻는 활동이다.

해설

- 직업을 통해 가정생활이 얻는 혜택 : 직업을 통해 소득을 얻어 안정된 가정생활을 하고, 가족들은 활력을 얻어 여러 가지 일을 할 수 있다.
- 가정의 일을 통해 직업활동이 얻는 혜택 : 가족들로부터 안정과 활력을 얻고, 식사와 휴식 등을 할 수 있도록 하여 힘을 재충전할 수 있다.

08 어떤 일의 결과로 얻는 이익 또는 경제 활동의 대가로 생기는 돈은?

① 저축   ② 세금

③ 소득   ④ 노동

 일의 대가로 얻는 것 : 소득

09 다음 중 어려운 사람을 도와주는 직업으로 알맞은 것은?

① 과학자

② 버스 운전사

③ 운동선수

④ 사회복지사

글쓰기에 흥미와 적성이 있는 사람의 장래 직업으로 알맞은 것은?

① 성악가   ② 변호사
③ 기술자   ④ 동화작가

 직업의 분류

• 생활을 편리하게 해 주는 직업 : 버스 운전사 등
• 우리의 생명과 재산을 지켜 주는 직업 : 의사, 경찰관, 소방관 등
• 어려운 사람을 도와주는 직업 : 사회복지사 등

10 다음과 같은 미래 사회의 변화에 따라 예상되는 유망 직업은?

> 미래에는 많은 사람들이 우주여행을 할 것입니다.

① 보육사   ② 우주 비행사

③ 환경 미화원   ④ 청소 대행업자

미래에 생길 수 있는 직업으로 휴대용 산소 판매업, 우주 여행업 등이 있다.

11 진로 계획을 세울 때 고려할 점으로 알맞은 것은?

① 부모님이 가장 원하는 직업을 선택한다.

② 무엇보다 가장 소득이 높은 직업을 선택한다.

③ 지금 가장 인기 있는 직업을 선택하여 계획을 세운다.

④ 다른 사람의 의견도 중요하지만 자신의 흥미와 적성을 고려하여 선택한다.

진로 계획을 세울 때 고려할 점
- 자신이 좋아하는 일을 선택한다.
- 자신이 잘 할 수 있는 일을 선택한다.
- 부모님과 선생님 등 사회 경험이 풍부한 주변 사람에게 조언을 구한다.
- 자신의 적성, 흥미 등을 알고 알맞은 직업을 선택한다.

12 어떤 일에 알맞은 개인의 성질이나 능력은?

① 진로   ② 욕심

③ 적성   ④ 자만심

적성 : 어떤 분야에서 성공할 수 있는 잠재능력 또는 소질

13 직업을 선택할 때 고려할 것으로 가장 바람직한 것은?

① 어떤 직업이 자신의 적성에 맞고 다른 사람을 위해 봉사할 수 있는가?

② 어떤 직업이 돈을 가장 많이 버는가?

③ 어떤 직업이 사회적으로 높은 자리에 오르는가?

④ 어떤 직업이 다른 사람이 자신에게 가장 바라는 직업인가?

직업을 갖는 이유
- 경제적인 이유
- 국가와 사회에 대한 봉사
- 자아 실현이나 인정을 얻기 위해
- 다른 사람들에게 봉사함으로써 삶의 보람을 찾음

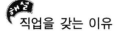

14 건전한 직업관을 가졌을 때의 좋은 점이 <u>아닌</u> 것은?

① 즐겁게 일할 수 있다.

② 보람을 느끼며 일할 수 있다.

③ 사회 발전에 공헌할 수 있다.

④ 휴식을 많이 갖고 일을 열심히 하지 않게 된다.

15 다음 빈칸에 알맞은 말은?

> 개인이 직업에 대하여 가지고 있는 태도나 가치관을 말한다. 건전한 (   )이란 자신이 맡은 일에 최선을 다하여 자신의 일을 자랑스럽게 여기는 것이다.

① 우월감   ② 명예욕

③ 직업관   ④ 자만심

직업관
- 개인이 직업에 대해 가지고 있는 태도나 가치관을 말한다.
- 맡은 일에 최선을 다하며 자신의 일을 자랑스럽게 여기는 것이 건전한 직업관이다.

16 다음 중 직업에 대한 설명으로 옳은 것은?

① 사회에 공헌하는 활동은 직업이 아니다.

② 일을 통해 경제적 보상을 받는다.

③ 물건을 생산하는 활동만 뜻한다.

④ 직업의 종류는 갈수록 줄어든다.

기출 & 총정리 문제

본서는 새교과서(7차개정교육과정)에 완벽히 맞춘 교재입니다.

특히, 부록편에서는 현재 치러지는 시험이 7차교육과정에 준하여 출제되고 있으므로, 최근기출문제를 위주로 출제유형분석을 통한 예상문제를 함께 재구성하여 수록하였습니다.

또한, 각 문제마다 정답을 찾는 과정을 자세하게 풀이하여 수험생 스스로 답을 찾아갈 수 있도록 이끌어 드립니다.

나온 문제 나온다!!!

검정고시 시험의 출제경향이나 난이도는 기출문제를 1~2문제만 봐도 바로 알 수 있는데, 간혹 중복되는 문제가 있다면 반드시 출제되는 문제이므로 꼭 알아두시기 바랍니다.

여러분이 진정으로 만족하는 유일한 길은 위대한 일이라고 믿는 일을 하는 것이고,
위대한 일을 하는 유일한 방법은 여러분이 하는 일을 사랑하는 것이다.
– 스티브 잡스

술술 풀리는
초등 실과

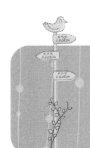

실력쑥쑥 기출 & 총정리 문제

정답 및 해설 230쪽

◀▌14장 일과 진로 ▐▶

01 일과 직업의 중요성에 대한 설명으로 옳지 <u>않은</u> 것은?

① 사회적인 역할을 분담한다.

② 가정의 일과 직장의 일은 대립된다.

③ 생계를 유지해 준다.

④ 자아실현을 가능하게 한다.

◀▌7장 정보 기기와 사이버 공간 ▐▶

02 홈페이지 게시판 사용 예절로 알맞은 것은?

① 남을 비방하는 글을 쓴다.

② 제목은 내용과 다르게 쓴다.

③ 다른 사람의 아이디를 사용한다.

④ 한글 맞춤법에 맞게 글을 쓴다.

◀▌1장 나의 성장과 가족 ▐▶

03 가족에 대한 고마움을 가장 잘 실천한 어린이는?

① 철영 - 부모님께 용돈을 달라고 조른다.

② 은주 - 할머니의 어깨를 주물러 드린다.

③ 수현 - 동생과 장난감을 가지고 다툰다.

④ 희준 - 공부 시간에 딴 짓을 한다.

◀ 5장 생활 속의 목제품 ▶

04 사포질 하는 방법을 잘못 설명한 것은?

① 적당한 크기의 나무 조각을 사포로 감싼다.

② 나뭇결 반대 방향으로 사포질을 한다.

③ 넓은 면을 먼저 사포질 한다.

④ 손이 벗겨지지 않도록 장갑을 낀다.

◀ 10장 생활 자원과 소비 ▶

05 생활 자원을 아껴 쓰는 것과 관계가 <u>적은</u> 것은?

① 편리한 생활을 위하여 일회용품을 사용한다.

② 폐식용유를 모아 비누를 만들어 사용한다.

③ 재활용품을 분리수거 하는 습관을 기른다.

④ 물건을 살 때 장바구니를 사용한다.

◀ 6장 식물과 함께하는 생활 ▶

06 다음 중 알뿌리 화초는?

① 튤립　　　　　　　　② 국화

③ 봉선화　　　　　　　④ 나팔꽃

◀ 7장 정보 기기와 사이버 공간 ▶

07 종이에 인쇄될 내용을 화면으로 '미리보기'를 하는 까닭으로 알맞은 것은?

① 인쇄 시간과 인쇄 용지 등을 절약할 수 있다.

② 전기를 아낄 수 있다.

③ 인쇄 시간이 많이 걸린다.

④ 여러 사람이 쉽게 볼 수 있다.

◀ 13장 인터넷과 정보 ▶

08 다음과 관계 있는 용어는?

> 인터넷의 정보는 계속 갱신되므로 최근에 올라온 정보를 선별하여 활용해야 한다.

① 정보의 합리성   ② 정보의 최신성

③ 정보의 출처   ④ 정보의 신뢰성

◀ 11장 생활 속의 전기·전자 ▶

09 가전기기가 전기의 특성에 맞게 연결된 것은?

① 빛 – 백열 전구, 형광등   ② 열 – 프라이펜, 환풍기

③ 동력 – 전기 다리미, 선풍기   ④ 열 – 세탁기, 온풍기

◀ 6장 식물과 함께하는 생활 ▶

10 실내에서 식물을 기를 수 있는 가장 좋은 곳은?

① 거실   ② 서재

③ 화장실   ④ 베란다

◀ 11장 생활 속의 전기·전자 ▶

11 다음 전자 부품의 기능 설명으로 옳은 것은?

① 저항 – 전류의 크기를 조절함

② 트랜지스터 – 전기를 잠시 저장함

③ 발광 다이오드 – 전기 신호를 크게 함

④ 전해 콘덴서 – 빛을 냄

◀ 6장 식물과 함께하는 생활 ▶

12 활엽수를 바르게 설명한 것은?

① 열매를 맺는 나무

② 잎이 바늘처럼 가늘고 긴 나무

③ 줄기가 여러 갈래로 갈라지고 잎이 넓은 나무

④ 줄기가 곧고 곁가지가 짧게 나는 나무

◀ 4장 쾌적한 주거 환경 ▶

13 분리 배출 및 수거된 재활용품의 이용이 바르지 <u>않은</u> 것은?

① 플라스틱류 - 새로운 용기를 만든다.

② 헌 옷 - 땅에 묻거나 불태운다.

③ 종이류 - 재생용지를 만든다.

④ 음식물 쓰레기 - 가축의 먹이로 이용한다.

◀ 8장 간단한 음식 만들기 ▶

14 음식을 만드는 재료로 기름과 달걀로 만들어 맛이 고소하고 샐러드에도 사용되는 것은?

① 마요네즈   ② 햄

③ 버터   ④ 치즈

◀ 9장 간단한 생활용품 만들기 ▶

15 재봉틀을 사용할 때 안전수칙으로 옳은 것은?

① 전기 재봉틀은 언제나 전원을 연결해 놓는다.

② 전원을 젖은 손으로 만져도 괜찮다.

③ 재봉틀에 충격을 주어도 괜찮다.

④ 무리한 힘을 주면 고장의 원인이 되므로 주의한다.

◀ 3장 옷 입기와 관리하기 ▶

16 헌옷을 재활용하여 용품을 만들면 좋은 점은?

① 비용과 관계가 없다.　　　　　　② 비용 절감 및 환경 보호를 할 수 있다.

③ 재봉틀 박음질 속도가 빠르다.　　④ 다양한 모양의 용품을 만들지 못한다.

◀ 9장 간단한 생활용품 만들기 ▶

17 털실을 이용하여 목도리나 장갑을 만들 때 적당한 바느질 도구는?

① 재봉틀　　　　　　② 손바늘

③ 대바늘　　　　　　④ 십자수바늘

◀ 9장 간단한 생활용품 만들기 ▶

18 재봉틀 기초 박기의 종류가 <u>아닌</u> 것은?

① 직선박기　　　　　　② 곡선박기

③ 되돌아박기　　　　　④ 손바느질

◀ 12장 동물과 함께하는 생활 ▶

19 친구나 가족처럼 집에서 애정을 가지고 키우는 동물은?

① 야생동물　　　　　　② 경제동물

③ 애완동물　　　　　　④ 포유동물

◀ 13장 인터넷과 정보 ▶

20 인터넷에서 정보를 찾기 위해 필요한 소프트웨어는?

① 그림판　　　　　　② 메모장

③ 엑셀　　　　　　　④ 인터넷 익스플로러

◀ 7장 정보 기기와 사이버 공간 ▶

21 인터넷에서 지켜야 할 예절로 바른 것은?

① 광고용 글로 도배한다.

② 은어나 약어를 사용한다.

③ 자료는 바이러스 검사를 한 후 등록한다.

④ 상업용 소프트웨어를 자료실에 등록한다.

◀ 1장 나의 성장과 가족 ▶

22 가족이 함께 생활하는 곳으로, 서로 아껴 주고 보살펴 줌으로써 생활의 활력을 얻게 하는 곳은?

① 국가   ② 지역

③ 사회   ④ 가정

◀ 1장 나의 성장과 가족 ▶

23 초등학생이 가정에서 할 수 있는 알맞은 일은?

① 돈 벌어오기   ② 집 짓기

③ TV 고치기   ④ 신발 정리하기

◀ 11장 생활 속의 전기·전자 ▶

24 다음은 생활 속에서 전기가 이용되는 예이다. 무엇을 이용하기 위한 것인가?

> 전기난로, 헤어드라이어, 전기밥솥, 다리미

① 소리   ② 동력

③ 빛   ④ 열

◀ 4장 쾌적한 주거 환경 ▶

25 다음 중 쓰레기를 처리하는 방법으로 옳은 것은?

① 불필요한 물건도 쌓아둔다.

② 쓰레기를 분리하여 배출한다.

③ 다른 사람에게 줄 수 있는 것도 버린다.

④ 음식물쓰레기는 일반쓰레기와 함께 버린다.

◀ 6장 식물과 함께하는 생활 ▶

26 다음 중 채소와 그 종류가 바르게 연결된 것은?

① 잎줄기 채소 – 상추   ② 뿌리 채소 – 토마토

③ 열매 채소 – 우엉   ④ 잎줄기 채소 – 오이

◀ 8장 간단한 음식 만들기 ▶

27 다음 중 식생활 환경에 대한 설명으로 옳지 <u>않은</u> 것은?

① 국제 무역의 증가로 외국 식품을 섭취할 기회가 늘었다.

② 식품의 대량 생산 방식으로 위생에 대한 걱정이 줄었다.

③ 패스트푸드의 섭취나 외식 횟수가 늘어났다.

④ 환경 오염으로 유해 물질이 포함된 식품이 많아졌다.

◀ 7장 정보 기기와 사이버 공간 ▶

28 컴퓨터 주변장치가 <u>아닌</u> 것은?

① 모니터   ② 프린터

③ 라디오   ④ 마우스

◀▌ 11장 생활 속의 전기·전자 ▐▶

29 다음 중 전기를 소리로 바꾸어 주는 전자 부품은 무엇인가?

① 스피커   ② 건전지

③ 스위치   ④ 저항

◀▌ 9장 간단한 생활용품 만들기 ▐▶

30 뜨개질의 특징은 무엇인가?

① 대바늘이나 코바늘을 사용한다.

② 그물 모양의 바탕천에 걸어 맨다.

③ 바늘에 실을 꿰어 두 장의 천을 잇는다.

④ 걸쇠 모양의 스킬 바늘로 털실을 걸어 맨다.

◀▌ 2장 나의 영양과 식사 ▐▶

31 올바른 식생활 습관은?

① 천천히 꼭꼭 씹어 먹는다.

② 탄산음료, 아이스크림을 자주 먹는다.

③ 좋아하는 음식만 먹는다.

④ 식사 시간이 불규칙하다.

◀▌ 14장 일과 진로 ▐▶

32 직업을 갖는 이유로 바람직하지 <u>않은</u> 것은?

① 사회활동을 하기 위해서

② 사회에 봉사하기 위해서

③ 자아를 실현하기 위해서

④ 다른 사람을 이기기 위해서

◀▌14장 일과 진로 ▐▶

33 직업을 선택할 때 가장 고려해야 할 점은?

① 아무 직업이나 선택한다.

② 직업 찾기가 힘들면 포기한다.

③ 부모님이 원하는 직업을 선택한다.

④ 자신의 적성, 성격, 흥미를 고려한다.

◀▌10장 생활 자원과 소비 ▐▶

34 생활 자원에 대한 알맞은 설명은 무엇인가?

① 사람이 소유할 수 없는 자원이다.

② 형태가 있는 것과 없는 것으로 나눌 수 있다.

③ 관리할 수 없는 자원이다.

④ 노력해도 계발할 수 없는 자원이다.

◀▌5장 생활 속의 목제품 ▐▶

35 잎이 바늘처럼 가늘고 긴 침엽수는?

① 느티나무   ② 소나무

③ 단풍나무   ④ 오동나무

◀▌4장 쾌적한 주거 환경 ▐▶

36 물건을 정리 정돈하여 보관해 두면 좋은 점은?

① 있는 학용품을 찾지 못해 또 사는 경우도 있다.

② 찾는 물건이 어디에 있는지 몰라 한참 찾게 된다.

③ 마음이 어수선하고 지저분한 느낌이 든다.

④ 공부나 일의 능률이 오르게 된다.

◀ 9장 간단한 생활용품 만들기 ▶

37 학교에서 재봉틀을 안전하게 사용하는 방법은?

① 재봉틀로 장난을 한다.

② 부품을 함부로 조작한다.

③ 선생님의 지시에 따라 재봉틀을 작동한다.

④ 전기 재봉틀의 전원을 젖은 손으로 연결한다.

◀ 7장 정보 기기와 사이버 공간 ▶

38 컴퓨터로 전자 우편을 보낼 때 필요한 것은?

① 우표   ② 편지봉투

③ 전자 우편 주소   ④ 엽서

◀ 8장 간단한 음식 만들기 ▶

39 비만 예방을 위한 식사조절과 식생활습관으로 바른 것은?

① 한꺼번에 많이 먹는다.

② 자기 전이나 늦은 밤에 많이 먹는다.

③ 과일이나 자연식품을 간식으로 이용한다.

④ 배가 고플 때만 음식을 먹는다.

◀ 5장 생활 속의 목제품 ▶

40 목재를 곡선으로 톱질할 때에 사용하는 다음 그림의 공구는?

① 실톱

② 대패

③ 장도리

④ 양날톱

◀ 10장 생활 자원과 소비 ▶

41 다음 중 용돈 사용이 가장 바른 경우는?

① 항상 제일 비싼 학용품을 산다.

② 준비물을 사고 남은 용돈은 은행에 저축한다.

③ 용돈을 아끼기 위해 준비물을 사지 않는다.

④ 용돈의 대부분을 군것질 하는 데 쓴다.

◀ 8장 간단한 음식 만들기 ▶

42 다음 중 비만예방을 위한 좋은 식습관은?

① 아침을 거른다.

② 천천히 꼭꼭 씹어 먹는다.

③ 자기 전에 음식을 먹는다.

④ 기름에 튀긴 음식을 즐겨 먹는다.

◀ 12장 동물과 함께하는 생활 ▶

43 다음 중 알과 고기를 얻기 위해서 기르는 경제동물은?

① 양   ② 닭

③ 돼지   ④ 젖소

◀ 4장 쾌적한 주거 환경 ▶

44 물건의 정리와 보관을 잘 하면 좋은 점이 <u>아닌</u> 것은?

① 다음에 사용하기 쉽다.

② 돈을 낭비하지 않게 된다.

③ 공부나 일의 능률이 오르지 않는다.

④ 물건을 쉽게 찾을 수 있어 시간이 절약된다.

◀10장 생활 자원과 소비▶

45 생활 자원을 절약할 수 있는 방법이 <u>아닌</u> 것은?

① 물건이 싫증날 때마다 새로 산다.

② 포장을 크고 화려하게 하지 않는다.

③ 옷을 물려 입거나 동생에게 물려준다.

④ 컵에 물을 받아서 양치질 한다.

◀1장 나의 성장과 가족▶

46 가정에서 하는 일에 대한 바른 태도는?

① 나는 어리므로 아무 일도 하지 않는다.

② 아버지는 남자니까 아무 일도 하지 않는다.

③ 내가 할 수 있는 일을 한다.

④ 어머니가 집안 일을 모두 한다.

◀4장 쾌적한 주거 환경▶

47 청소를 할 때 먼저 해야 하는 일은?

① 바닥 쓸기　　　　② 바닥 닦기

③ 창문 열기　　　　④ 걸레 빨아 널기

◀14장 일과 진로▶

48 적성과 흥미를 알아보기 위한 검사 도구는?

① 표준화 검사　　　② 성취도 검사

③ 인터넷 자료　　　④ 수학 학력 평가

◀ 6장 식물과 함께하는 생활 ▶

49 **다음 중 한두해살이 화초는?**

① 나팔꽃   ② 국화

③ 칸나   ④ 튤립

◀ 12장 동물과 함께하는 생활 ▶

50 **애완동물을 기르면서 얻을 수 있는 이로운 점으로 가장 거리가 먼 것은?**

① 새끼를 번식시켜 판매함으로써 경제적인 이익을 얻을 수 있다.

② 마음의 안정을 얻을 수 있다.

③ 상대방에 대한 책임감, 이해심, 자립심 등을 키울 수 있다.

④ 생명을 소중히 여기는 태도를 가지게 되어 가족 간의 사랑도 더 깊어질 수 있다.

◀ 6장 식물과 함께하는 생활 ▶

51 **열매를 주로 먹는 채소는?**

① 무   ② 상추

③ 오이   ④ 당근

◀ 13장 인터넷과 정보 ▶

52 **인터넷에서 정보를 탐색할 때의 좋은 점으로 거리가 먼 것은?**

① 다른 탐색에 비해 정보의 수집이나 수정이 쉽다.

② 최신의 정보를 얻을 수 있다.

③ 정확하고 믿을만한 정보를 얻기 쉽다.

④ 쉽고 빠른 정보의 탐색이 가능하다.

◀ 7장 정보 기기와 사이버 공간 ▶
53 다음 중 컴퓨터의 출력장치는?

① 스캐너   ② 자판

③ 프린터   ④ 마이크

◀ 10장 생활 자원과 소비 ▶
54 계획적이며 합리적인 용돈 관리를 위해 사용하는 것은?

① 생활계획표   ② 용돈기입장

③ 일기장   ④ 메모장

◀ 12장 동물과 함께하는 생활 ▶
55 다음 중 경제동물을 기르려고 할 때 고려할 사항이 <u>아닌</u> 것은?

① 대변과 소변을 가리기 위한 훈련

② 기르는 목적에 적합한 품종의 동물 선택

③ 오물에 대한 정화 시설 구비

④ 전염병 예방을 위한 예방 접종 실시

◀ 7장 정보 기기와 사이버 공간 ▶
56 다음 중 금융 기관이 <u>아닌</u> 것은?

① 우체국   ② 증권회사

③ 은행   ④ 시청

◀ 6장 식물과 함께하는 생활 ▶
57 흙과 거름 없이 물로 가꾸는 재배 방법은?

① 접붙이기   ② 씨뿌리기

③ 수경 재배   ④ 포기나누기

◀ 11장 생활 속의 전기 · 전자 ▶

58 전기 · 전자 제품의 에너지 절약 방법으로 알맞은 것은?

① 사용하지 않는 제품의 플러그는 뽑아 놓는다.

② 텔레비전을 계속 켜 놓는다.

③ 조명 기구는 전력 소비가 많은 것을 사용한다.

④ 냉장고의 문을 자주 연다.

◀ 4장 쾌적한 주거 환경 ▶

59 재활용품을 활용하는 이유가 <u>아닌</u> 것은?

① 환경을 보호하기 위해서　　　② 쓰레기를 줄이기 위해서

③ 비용을 아끼기 위해서　　　　④ 자원을 낭비하기 위해서

◀ 14장 일과 진로 ▶

60 직업을 선택할 때 고려해야 할 조건이 <u>아닌</u> 것은?

① 나의 성격　　　　　　　　　② 나의 적성

③ 나의 흥미　　　　　　　　　④ 나의 생일

◀ 5장 생활 속의 목제품 ▶

61 목재의 표면을 매끄럽게 깎을 때 사용하는 아래 그림의 공구는?

① 양날톱

② 곱자

③ 대패

④ 장도리

◀ 5장 생활 속의 목제품 ▶

62 다음 중 활엽수는?

① 소나무　　　　　　② 오동나무

③ 전나무　　　　　　④ 향나무

◀ 9장 간단한 생활용품 만들기 ▶

63 섬유에 열 또는 접착제를 가하고 압착하여 만든 천은?

① 나일론　　　　　　② 면직물

③ 견직물　　　　　　④ 부직포

◀ 12장 동물과 함께하는 생활 ▶

64 애완동물을 기를 때의 좋은 점은?

① 게을러진다.　　　　② 돈이 많이 든다.

③ 생명체에 대한 사랑을 느낀다.　　④ 성격이 거칠어진다.

◀ 12장 동물과 함께하는 생활 ▶

65 우유를 얻기 위해 사육하는 경제동물은?

① 말　　　　　　　　② 토끼

③ 사슴　　　　　　　④ 젖소

◀ 2장 나의 영양과 식사 ▶

66 다음 중 빵으로 만들 수 <u>없는</u> 음식은?

① 카레　　　　　　　② 햄버거

③ 샌드위치　　　　　④ 프렌치토스트

67 ◀ 2장 나의 영양과 식사 ▶
밥을 이용한 음식이 <u>아닌</u> 것은?

① 오므라이스 ② 스파게티

③ 잡채밥 ④ 카레라이스

68 ◀ 7장 정보 기기와 사이버 공간 ▶
전자 우편의 특징이 <u>아닌</u> 것은?

① 우편번호를 기록한다.

② 여러 사람에게 동시에 보낼 수 있다.

③ 빨리 주고 받을 수 있다.

④ 그림이나 문서 파일 등을 함께 보낼 수 있다.

69 ◀ 10장 생활 자원과 소비 ▶
다음 중 자원을 절약할 수 있는 방법은?

① 화장실 불을 하루 종일 켜 놓는다.

② 이면지를 재활용한다.

③ 세수할 때 수도꼭지를 틀어 놓고 한다.

④ 일회용품을 자주 사용한다.

70 ◀ 9장 간단한 생활용품 만들기 ▶
다음은 무엇에 대한 설명인가?

> 걸쇠 모양으로 된 스킬 바늘로 5~6cm 길이의 털실을 그물 모양의 바탕천에 걸어 매는 수예이다.

① 뜨개질 ② 스킬 자수

③ 퀼트 ④ 코바늘뜨기

정답

01. ②	02. ④	03. ②	04. ②	05. ①	06. ①
07. ①	08. ②	09. ①	10. ④	11. ①	12. ③
13. ②	14. ①	15. ④	16. ②	17. ③	18. ④
19. ③	20. ④	21. ③	22. ④	23. ④	24. ④
25. ②	26. ①	27. ②	28. ③	29. ①	30. ①
31. ①	32. ④	33. ④	34. ②	35. ②	36. ④
37. ③	38. ③	39. ③	40. ①	41. ②	42. ②
43. ②	44. ③	45. ①	46. ②	47. ③	48. ①
49. ①	50. ①	51. ③	52. ③	53. ①	54. ②
55. ①	56. ④	57. ③	58. ①	59. ④	60. ④
61. ③	62. ②	63. ④	64. ②	65. ④	66. ①
67. ②	68. ①	69. ②	70. ②		

01 가정의 일과 직장의 일은 상호 보완적 관계이다.

02 홈페이지 게시판 사용 예절과 주의 사항
- 한글 맞춤법은 지켜서 사용한다.
- 남을 비방하는 글을 쓰지 않는다.
- 제목은 내용에 어울리게 쓴다.
- 본문 글은 간결하고 명확하게 작성한다.

03 할머니, 할아버지의 어깨를 주물러 드리거나 형제들과 사이좋게 지냄으로써 가족에 대한 고마움을 실천할 수 있다.

04 ② 나뭇결 방향으로 사포질을 한다.

05 일회용품을 많이 사용하게 된다면 그만큼 사용되지 않아도 될 자원들이 사용되면서 자원의 낭비가 발생하게 되고, 일회용품의 생산, 처리, 방치 시 모두 오염물질을 배출하여 환경오염을 일으키므로 일회용품의 사용을 자제해야 한다.

06 꽃의 종류

구 분	종 류
한두해살이 화초	나팔꽃, 백일홍, 봉선화, 맨드라미, 코스모스, 팬지 등
여러해살이 화초	국화, 꽃창포, 작약, 카네이션, 옥잠화 등
알뿌리 화초	튤립, 백합, 수선화, 칸나 등
꽃나무	무궁화, 개나리, 목련, 장미, 라일락, 수국 등

07 '미리보기'는 인쇄될 내용을 화면상에서 미리 볼 수 있도록 하여 사용자의 인쇄 오류를 방지할 수 있다.

09 가전기기의 종류
- 빛을 이용한 가전기기 : 백열 전구, 형광등, 할로겐등, 수은등 등
- 열을 이용한 가전기기 : 전기 난로, 전기 장판, 전기 밥솥, 전기 다리미 등
- 동력을 이용한 가전기기 : 세탁기, 냉장고, 선풍기, 진공청소기, 환풍기 등

10 베란다는 창문을 통해 많은 햇빛이 들어와 실내에서 식물을 기를 수 있는 가장 좋은 곳이다.

11 ② 트랜지스터 : 전기 신호를 크게 함
③ 발광 다이오드 : 빛을 냄
④ 전해 콘덴서 : 전기를 잠시 저장함

12 ①은 결실수, ②·④는 침엽수에 관한 설명이다.

13 헌 옷은 다른 옷으로 재탄생할 수 있으며 어려운 이웃에게 나누어 줄 수 있다.

14 기름에 달걀 노른자와 식초를 넣어 마요네즈를 만들 수 있다.

15 재봉틀 사용 시 안전수칙
- 재봉틀로 장난을 하면 재봉틀이 고장 나거나 큰 사고가 일어나므로 주의한다.
- 재봉틀에 충격을 주거나 재봉틀을 떨어뜨리지 않도록 주의한다.
- 전기 재봉틀의 전원을 젖은 손으로 연결하면 감전이 되므로 주의한다.

• 전기 재봉틀을 점검할 때에는 반드시 전원을 끈 상태에서 한다.

16 헌옷을 재활용하여 용품을 만들 경우의 장점
   • 비용을 절감할 수 있다.
   • 다양한 색상이나 재료를 이용할 수 있다.
   • 쓰레기의 양을 줄일 수 있어 환경 보호를 할 수 있다.

17 실을 고리 모양으로 코를 만들어 떠 나가는 방법으로, 뜨개질이라고 한다.

18 기초 박기의 종류 : 되돌아박기, 직선박기, 방향바꾸기, 곡선박기

19 ③ 애완동물 : 사람이 즐거움을 얻거나 가족이나 친구처럼 지내기 위해 기르는 동물이다.
   ① 야생동물 : 산과 들에 저절로 나서 자라는 동물이다.
   ② 경제동물 : 소, 돼지, 닭처럼 생활에 필요한 물질을 얻기 위해 기르는 동물로, 가축이라고도 한다.
   ④ 포유동물 : 어미의 젖을 먹고 자라는 동물이다.

20 ① 그림판 : 그림 편집 소프트웨어
   ② 메모장 : 문서 편집 소프트웨어
   ③ 엑셀 : 표 계산 소프트웨어

21 바람직한 인터넷 사용 방법(네티켓 십계명)
   • 다른 사람의 인권과 사생활을 존중하고 보호한다.
   • 건전한 정보를 제공하고 올바르게 사용한다.
   • 불건전한 정보는 받아들이지 않고 퍼뜨리지 않는다.
   • 다른 사람의 정보를 보호하고 자신의 정보도 철저하게 관리한다.
   • 비속어나 욕설을 사용하지 않고 바른 언어를 사용한다.
   • 실명으로 활동하고 자신의 아이디에 책임을 진다.
   • 바이러스 유포나 해킹 등의 불법적인 일은 하지 않는다.

   • 다른 사람의 지적 소유권을 보호하고 존중한다.
   • 사이버 공간에 대한 자율적 감시와 비판 활동에 적극 참여한다.
   • 건전한 네티즌 문화를 조성하기 위해 노력한다.

22 가정 : 부부·자식·부모 등 가족이 공동 생활하는 조직체를 말한다.

23 ①, ②, ③은 초등학생들이 하기에 힘든 일들이다.

25 ① 불필요한 물건은 버린다.
   ③ 다른 사람에게 줄 수 있는 것은 버리지 말고 나누어준다.
   ④ 음식물쓰레기는 일반쓰레기와 분리하여 배출한다.

26 채소의 종류

구 분	종 류
열매 채소	오이, 호박, 참외, 수박, 토마토, 고추, 가지, 딸기 등
뿌리 채소	무, 당근, 우엉, 토란 등
잎줄기 채소	배추, 양배추, 상추, 시금치, 파, 마늘, 양파, 부추, 쑥갓 등

28 컴퓨터 주변장치 : 모니터, 스캐너, 프린터, 마우스 등

29 스피커 : 전기 신호 형태의 음을 귀에 들리는 소리로 변환하는 장치

30 뜨개질은 옷이나 장갑 등을 실이나 털실로 떠서 만드는 일로 대바늘뜨기·코바늘뜨기·아프간뜨기 등의 손뜨기 방법과 기계뜨기 방법이 있다.

31 천천히 꼭꼭 씹어 먹으면 우리가 먹은 음식물을 소화시킬 수 있는 충분한 위산이 나온 상태에서 식사를 하기 때문에 완전한 소화가 가능하게 된다.

32 직업을 갖는 이유
- 경제적 이유
- 자아실현이나 안정을 얻기 위해
- 다른 사람들을 위한 봉사 → 삶의 보람
- 국가와 사회에 대한 봉사

33 직업을 선택할 때에는 자신의 흥미, 적성, 소질, 능력 등을 고려하여야 한다.

34 생활 자원 중 지식, 태도, 기술, 시간처럼 형태가 없는 인적 자원은 노력하면 계속 계발할 수 있는 자원이다.

35 • 침엽수 : 소나무, 낙엽송 등 잎이 바늘 모양으로 된 나무
- 활엽수 : 느티나무, 단풍나무, 오동나무 등 잎이 넓적한 나무

36 물건을 정리 정돈하여 보관해 두면 깨끗하고 정돈된 느낌을 주어 공부나 일에 집중할 수 있어 능률이 오르게 된다.

37 재봉틀을 함부로 조작하면 다칠 위험이 있으므로 선생님의 지시에 따라 재봉틀을 안전하게 사용하여야 한다.

38 전자 우편은 컴퓨터 통신망을 이용하여 컴퓨터 사용자 간에 편지나 여러 정보를 주고받는 새로운 개인 통신 방법으로 보통 이메일(E-mail)이라고 한다.

39 비만은 식사 시간을 규칙적으로 정해 두어 적당량의 영양소를 골고루 섭취함으로써 예방할 수 있다.

40 곡선은 실톱을 사용하여 자른다.

41 합리적인 용돈 관리 태도
- 불필요한 지출을 줄여 저축을 많이 한다.
- 물건을 아껴 쓰고, 사야 할 물건의 목록을 미리 적어 두고 구입한다.

42 천천히 꼭꼭 씹어 먹으면 포만감을 느껴 과식을 예방할 수 있다.

43 동물의 종류 및 사육 목적

종 류	사육 목적	종 류	사육 목적
소	고기, 가죽	젖소	우유
닭	고기, 알	돼지	고기, 가죽
양	고기, 가죽, 털	토끼	고기, 가죽, 털

44 주변이 지저분하면 집중력이 떨어져 공부나 일의 능률이 오르지 않으므로 물건의 정리를 잘 하여야 한다.

45 물건을 아껴 쓰고 재활용하여 사용하면 생활 자원을 절약할 수 있다.

46 내가 할 수 있는 일을 스스로 하면 가족의 화목을 도울 수 있으며, 보람과 책임감도 느낄 수 있다.

47 청소의 순서
창문 열기 → 물건 정리하기 → 먼지 털기 → 바닥 쓸기 → 가구와 바닥 닦기 → 청소용구 정리하기 → 걸레 빨아 널기

48 표준화 검사는 학생 개인의 적성과 흥미를 알아보는 검사로, 적성에 맞는 진학, 직업에 대한 중요 정보를 제공하여 학생 개인의 진로 지도에 활용할 수 있다.

49 ② 국화 : 여러해살이 꽃
③ 칸나 : 알뿌리 꽃
④ 튤립 : 여러해살이 꽃

51 채소의 종류
- 열매 채소 : 오이, 호박, 참외, 수박, 토마토 등
- 뿌리 채소 : 무, 당근, 우엉 등
- 잎줄기 채소 : 배추, 양배추, 상추, 시금치, 파 등

52 인터넷을 이용하여 정보를 탐색하면 정보의 신뢰성이나 정확성이 부족한 단점이 있다.

53 ①, ②, ④는 컴퓨터의 입력장치이다.

술술 풀리는
초졸 검정고시
실과

2023년 3월 6일   개정판 발행
2012년 1월 19일   초판 발행
편 저 자 검정고시 학원연합회
발 행 인 전 순 석
발 행 처 정훈사
주   소 서울특별시 중구 마른내로 72, 421호 A
등   록 제2014-000104호
전   화 (02) 737-1212
팩   스 (02) 737-4326